Reclam Literaturunterricht

Sachanalysen. Stundenverläufe. Arbeitsblätter

E. T. A. Hoffmann
Der Sandmann

Von Max Kämper

AF638013

Reclam

Abkürzungen und Symbole

EA	Einzelarbeit
PA	Partnerarbeit
GA	Gruppenarbeit
UG	Unterrichtsgespräch
LV	Lehrervortrag
*	Kennzeichnung eines zusätzlichen Arbeitsauftrags auf erhöhtem Niveau (für Binnendifferenzierung)
HA	Hausaufgabe

Verweis auf die zugrunde liegende Ausgabe:
E. T. A. Hoffmann: Der Sandmann. Hrsg. von Max Kämper. Stuttgart: Reclam, 2015 [u. ö.].
(Reclam XL. Text und Kontext. 16100.)

Code für editierbare Arbeitsblätter und Vorlagen

Alle für den Unterricht benötigten *Arbeitsblätter* und *Vorlagen* (Bilder und Texte) sind digital auf der Webseite **www.reclam.de/lehrer_sandmann** zum Download verfügbar. Bitte geben Sie folgenden Code ein:

6tMU2P9r

Der Verlag behält sich die Verwertung der urheberrechtlich geschützten Inhalte dieses Werkes für Zwecke des Text- und Data-Minings nach § 44b UrhG ausdrücklich vor. Jegliche unbefugte Nutzung ist ausgeschlossen.

Sollte diese Publikation Links auf Webseiten Dritter enthalten, so übernehmen wir für deren Inhalte keine Haftung, da wir uns diese nicht zu eigen machen, sondern lediglich auf deren Stand zum Zeitpunkt der Erstveröffentlichung verweisen.

Reihenkonzept: Max Kämper

Reclam Literaturunterricht | Nr. 15802
2019 Philipp Reclam jun. Verlag GmbH,
Siemensstraße 32, 71254 Ditzingen
info@reclam.de
Druck und Bindung: Esser printSolutions GmbH,
Untere Sonnenstraße 5, 84030 Ergolding
Printed in Germany 2025
RECLAM ist eine eingetragene Marke
der Philipp Reclam jun. GmbH & Co. KG, Stuttgart
ISBN 978-3-15-015802-9
reclam.de

Inhalt

Vorbemerkung

Die zufällige Begegnung mit einem Hausierer für optische Instrumente löst in dem Studenten Nathanael Erinnerungen an traumatische Kindheitserinnerungen aus. In einem unaufhaltsamen Wirklichkeitsverlust fühlt er sich von dämonischen Mächten bedroht, die ihn vernichten wollen, und stürzt sich schließlich zu Tode: Schlusspunkt einer tragischen Verstrickung in die Kräfte des Unterbewusstseins oder des Wirkens dunkler, teuflischer Mächte?

Hoffmann bedient sich sowohl der damals neuesten Erkenntnisse der Psychiatrie als auch der erzählerischen Mittel der »Gothic Novel« bzw. der »Schauerromantik«. Diese Verschmelzung von Rationalität und Romantik räumt auf mit der Vorstellung der Aufklärung, der Prozess der Selbstwerdung eines Menschen sei allein der Vernunft geschuldet, und öffnet den Blick für die Bedeutung des Unbewussten und Abgründigen in uns.

Für den jungen Leser faszinierend und verstörend zugleich ist aber nicht nur der Gedanke eines ständigen, unentwirrbaren Konflikts zwischen Bewusstem und Unbewusstem, in dem der Mensch steckt, sondern die Erkenntnis, dass selbst die liebevolle familiäre Geborgenheit Nathanaels psychische Erkrankung nicht aufhält, ja: dass es gerade die Fassade des bürgerlichen Anstands mit ihrer innerfamiliären Tabuisierung und Verdrängung ist, die das traumatische Erleben erst auslöst.

Hoffmanns berühmte Novelle erschien 1816 als Teil seiner *Nachtstücke* und zählt heute zum Kanon der beliebtesten Schullektüren.

Benutzungshinweise

Der Band enthält sieben aufeinander aufbauende Unterrichtsstunden und zwei Klausuraufgaben mit Lösungsvorschlägen.

Jeder Entwurf einer Unterrichtsstunde besteht aus zwei Teilen:

- **Sachanalyse** mit einem praxisorientierten, auf den Unterrichtsverlauf bezogenen Interpretationsangebot
- **Unterrichtsverlauf** mit (a) kurzem Überblick über Thema und Ziel, (b) den Unterrichtsschritten in tabellarischer Übersicht und (c) ausführlichen Erläuterungen zu den einzelnen Unterrichtsschritten

Jede Unterrichtstunde bietet alle für den Unterricht benötigten Materialien:

- kopierfähige **Arbeitsblätter** (ggf. mit Lösungshinweisen im Anhang)
- **Vorlagen** (Bilder oder Texte)
- **Tafelbilder** (Vorschläge für die mediale Präsentation)

Die Unterrichtsstunden enthalten an allen geeigneten Stellen Hinweise für

- einen möglichen **verkürzten Verlauf** (als **fakultativ** gekennzeichnete Unterrichtsschritte), um die als Doppelstunde konzipierten Einheiten bei gleichen Stundenzielen, aber weniger Vertiefungsphasen einstündig zu realisieren
- eine mögliche **Binnendifferenzierung** (die entsprechenden Arbeitsaufträge auf erhöhtem Niveau sind mit einem Asterisk * gekennzeichnet)

Textgrundlage ist die Ausgabe:

E. T. A. Hoffmann: Der Sandmann. Hrsg. von Max Kämper. Stuttgart: Reclam, 2015 [u. ö.]. (Reclam XL. Text und Kontext. Nr. 16100.)

Hinweis: Die Reihe *Reclam Literaturunterricht* achtet auf gendergerechte Sprache. Aus Gründen der Lesbarkeit wird in seltenen Fällen davon abgewichen, immer sind aber alle Geschlechter gemeint.

1 Nathanaels Weltbild im Zusammenhang seiner Kindheitserinnerungen erfassen

Sachanalyse

Der ausführliche Brief Nathanaels an Lothar, der gemeinsam mit den beiden Folgebriefen die Exposition des *Sandmann* bildet, erweist sich weit über die übliche Exposition einer Novelle hinaus als Schlüssel für die Interpretation des gesamten Textes. Denn dieser Brief enthält neben Nathanaels Schilderung der Begegnung mit Coppola, die ihn zutiefst verängstigt hat (»Etwas Entsetzliches ist in mein Leben getreten!«, 3,14 f.), einen Rückblick auf traumatisierende Kindheitserlebnisse und bereits früh angelegte Kommunikationsstörungen.[1] Darüber hinaus präsentiert der Brief, indem er einen unmittelbaren Einblick in die Wahrnehmung und Bewertung der Ereignisse durch Nathanael gewährt, eine Welt des Schaurigen und Dämonischen, die über die Novelle hinaus Anspruch auf Wirklichkeit erhebt: *Der Sandmann* gehört zu den 1816/17 erschienenen *Nachtstücken*, in denen sich Hoffmann mit großem literarischen Erfolg der Mittel der Räuber-, Schauer- und Gespensterliteratur bediente und seinen Ruf als »Gespenster-Hoffmann« begründete. Schließlich erlebt der Leser mit jenem Brief Nathanaels einen Auftakt der Novelle, der wenig später vom Erzähler ausdrücklich als nur eine von mehreren Möglichkeiten eines Erzählanfangs bezeichnet wird. Von Beginn an erweist sich also die dargestellte Welt als eine von mehreren Entwürfen von Welt, wird die Eindeutigkeit eines Wirklichkeitsbegriffs in Frage gestellt.

Nathanaels zufällige Begegnung mit Giuseppe Coppola, einem piemontesischen Wetterglas-, Brillen- und Fernglashändler, löst bei ihm Erinnerungen an ein unbewältigtes Kindheitstrauma aus. In dem Italiener glaubt er den Advokaten Coppelius zu erkennen, den »Sandmann« aus seiner Kindheit, eine furchteinflößende Gestalt, vor der er infolge grauenvoller Erzählungen und schrecklicher Erlebnisse Todesangst empfunden hatte. Die Fantasien des verängstigten und mit außergewöhnlicher Einbildungskraft ausgestatteten Jungen hatten Coppelius damals in die Nähe teuflischer Mächte gerückt, denen seiner Ansicht nach auch sein Vater zeitweise verfallen war. Coppelius und die mit ihm verbündeten dämonischen Mächte macht er auch für den Tod seines Vaters verantwortlich. Da Coppola der Schreckgestalt seiner Kindheit täuschend ähnlich sieht, auch wegen der Verwandtschaft der Namen (vgl. dazu auch *Sandmann*, Reclam XL, S. 7, Fußnote zu Z. 17), deutet der seit der Begegnung mit dem Italiener völlig verstörte Student das erneute Erscheinen des »Sandmanns« als Wiederkehr dämonischer Mächte, als Erneuerung eines »grässlichen mir drohenden Geschicks« (3,15 f.), dem er sich heute wie damals nicht entziehen kann.

Als Kind hatte Nathanael seine Eltern an manchen Abenden ungewöhnlich bedrückt und traurig erlebt. An solchen Abenden wurde er pünktlicher als sonst mit dem Ausruf »der Sandmann kommt« (4,29 f.) ins Bett geschickt und vernahm wenig später stets ein »dumpfe[s] Treten und Poltern« (4,33) die Treppe herauf. Da sämtliche Umstände des nächtlichen Geschehens von den Eltern tabuisiert wurden, steigerte sich die Neugier Nathanaels, der in seiner Not schließlich die Kinderfrau nach dem Sandmann fragt. Deren schauriges Ammenmärchen beflügelte die Angstfantasien des Jungen, so dass – auch wegen der Gesprächsblockade mit den Eltern – die subjektiven Imaginationen die objektiven Erscheinungen zu überlagern beginnen.[2] Der mutige Versuch des Zehnjährigen, dem geheimnisvollen Treiben auf die Schliche zu kommen und so seine Fantasien zu objektivieren, scheitert auf verhängnisvolle Weise, als Coppelius den heimlichen Beobachter der alchimistischen Versuche entdeckt, die er und sein Vater betreiben. Da es die Perspektive des Kindes ist, in der diese Vorgänge im Arbeitszimmer des Vaters wahrgenommen werden, kann der Leser angesichts der bedrängenden Bilder unmittelbar nachvollziehen, warum Nathanael schließlich das Bewusstsein verliert. Aus den Dialogfetzen, die er viele Jahre später in seinem Brief in Erinnerung ruft, schließt der schockierte Junge, dass er der Erzeugung eines Menschen beiwohnt und mit seinen Organen (»Nun haben wir Augen – Augen – ein schön Paar Kinderaugen«, 9,28 f.) und Gliedmaßen zu dieser Urzeugung beitragen soll. Diese Bilder und das grobe Verhalten des Advokaten, den der Junge als eine bösartige, eine teuflische Gestalt wahrnimmt, werden Nathanael nie mehr loslassen und begründen seine Traumatisierung. »Reale Erfahrungen in seiner Familie, märchengezeugte Vorstellungen und kind-

1 Vgl. Günter Saße, »›Der Sandmann‹. Kommunikative Isolation und narzisstische Selbstverfallenheit«, in: *Interpretationen. E. T. A. Hoffmann. Romane und Erzählungen*, hrsg. von G. S., Stuttgart 2004, S. 97.

2 Vgl. ebd., S. 103.

liche Ängste verbinden sich zu einer Gemengelage, die ihn die Bedrohung seiner psychophysischen Unversehrtheit als Willkürakt erfahren lässt. Dies prägt ihn so stark, dass sich die Erfahrung der Hilflosigkeit bei ihm späterhin zum Glauben verdichtet, dass ›jeder Mensch, sich frei wähnend, nur dunklen Mächten zum grausamen Spiel diene‹«[3]. Als sein Vater ein Jahr später während eines erneuten gemeinsamen alchimistischen Versuchs mit Coppelius stirbt, steht für den traumatisierten Nathanael der Urheber des tödlichen Unfalls sofort fest: »Coppelius, verruchter Satan, du hast den Vater erschlagen!« (11,31 f.).

3 Ebd., S. 104.

Unterrichtsverlauf

Überblick. Die Schülerinnen und Schüler antworten – noch ohne weitere Textkenntnis – auf den Brief Nathanaels an Lothar aus der Sicht von Clara. Die dazu erforderliche Zusammenstellung von Schlüsselstellen aus Nathanaels Brief veranschaulicht seine innere und äußere Situation (Tafelbild). Die Klärung seines Weltbilds und die Sichtweise Claras in den Schülerbriefen bzw. im Original leiten eine erste Charakterisierung der Beziehung zwischen den Verlobten ein.

Phase	Thema	Sozialform	Kompetenzen und Lernziele	Materialien
Voraussetzungen: keine				
1.1	Brief an Nathanael aus der Sicht Claras	EA	• Ein erstes Textverständnis kreativ im Sinne literarischen Probehandelns gestalten und Mehrdeutigkeit berücksichtigen	ARBEITSBLATT 1a ➤ S. 10
1.2	Nathanaels Bild von Coppelius	UG	• Verstehensbarrieren identifizieren und als Anlass zum textnahen Lesen nehmen • Informationen aus einem literarischen Text isolieren und zusammenstellen	TAFELBILD 1 (Teil 1) ➤ S. 7
1.3	Nathanaels Wirklichkeitswahrnehmung	PA / UG	• Sinnzusammenhänge herstellen • Die Relevanz des Gelesenen für ein Weltbild erfassen	ARBEITSBLATT 1b ➤ S. 11 TAFELBILD 1 (Teil 2) ➤ S. 8
1.4	Der Antwortbrief Claras	UG	• Vergleich und Diskussion individueller Lesarten eines Textes • Bedingungen von Kommunikation analysieren, fakultativ auch auf der Basis theoretischer Modelle	VORLAGE 1 (Zusatzmaterial) ➤ S. 9
HA	Lektüre der ersten Hälfte der Erzählung			*Sandmann*, Reclam XL, S. 3–26

Die Methodik des Einstiegs in die Unterrichtseinheit erfordert den Verzicht auf einen vorbereitenden Lektüreauftrag zur Novelle. Der spätere Aneignungsprozess durch häusliche Lektüre erfolgt entsprechend der inhaltlichen Zäsur der Novelle (Beginn der Olimpia-Handlung, *Sandmann*, Reclam XL, S. 26, Mitte) in zwei Abschnitten zur zweiten bzw. dritten Unterrichtsstunde.

Der kreative Einstieg in die Unterrichtseinheit erfordert eine Doppelstunde.

1.1 Brief an Nathanael aus der Sicht Claras

Unterrichtsschritt. Die Lerngruppe liest gemeinsam den Brief »Nathanael an Lothar« (*Sandmann*, Reclam XL, S. 3–12) und erhält als ARBEITSBLATT 1a ***Clara an Nathanael*** den Anfang von Claras Brief bis zu den Zeilen »Trennung von dir, dich niemals wiedersehen, der Gedanke durchfuhr meine Brust wie ein glühender Dolchstich. – Ich las und las!« (*Sandmann*, Reclam XL, 13,5–8). Der Arbeitsauftrag wird in Einzelarbeit bearbeitet (ca. 300 Wörter, zur Binnendifferenzierung kann die Umfangsvorgabe variiert werden).

EA

ARBEITSBLATT 1a
➤ S. 10

Erläuterungen. Da die Lerngruppe den Standort der Verlobten Nathanaels und damit einer bisher unbekannten Erzählerfigur einnehmen muss, verlangt die Aufgabe neben einer Vertiefung der bisherigen Textrezeption auch die produktive Wahrnehmung dieser Rollenperspektive. Die Schülerinnen und Schüler können mit diesem Perspektivwechsel unabhängig von späteren Lektürekenntnissen frei über die Intensität der Empathie Claras mit dem Verlobten und ihr Eingehen auf seine Probleme entscheiden. Dadurch wiederholen sie auf gehobenem Anforderungsniveau ein wesentliches Merkmal der Textsorte ›Persönlicher Brief‹. Zugleich sensibilisiert das methodische Verfahren für den Aspekt einer perspektivischen Wahrnehmung und damit für ein zentrales Thema der Novelle. – Die Sozialform Einzelarbeit bewirkt eine möglichst große Variation der schließlich im Forum der gesamten Lerngruppe verlesenen, oft überraschenden Lösungen. Dazu sollten unbedingt wenigstens zwei Schülerinnen oder Schüler den zusätzlichen (*) Auftrag erhalten, sich in ihren Antwortbriefen vollkommen auf die Weltsicht Nathanaels und damit eine Abhängigkeit des Menschen von dämonischen Mächten einzulassen. Auf diese Weise bleibt die Vielfalt der Deutungsebenen der Novelle von Anfang an gewahrt.

1.2 Nathanaels Bild von Coppelius

Unterrichtsschritt. Bevor die in 1.1 entstandenen Antwortbriefe Claras vorgelesen werden, ergänzen die Schülerinnen und Schüler ihre während des Schreibprozesses entstandenen Textmarkierungen aus Nathanaels Brief durch gemeinsamen Austausch im Unterrichtsgespräch und qualifizieren diese Textstellen mit angemessenen zusammenfassenden Begriffen bzw. Abstraktionen (»Widerwärtiges Aussehen«) als »Kindheitserinnerungen«.

UG

TAFELBILD 1
(Teil 1)
➤ S. 7

Erläuterung. Der aus diesem Unterrichtsgespräch entstehende erste Teil des Tafelbilds führt die von der Lerngruppe markierten Textstellen bereits auf die Ebene einer zusammenfassenden, raffenden und abstrahierenden Begrifflichkeit, die Überblick herstellt, eine Interpretation vorbereitet und später auch als Formulierungshilfe für Textzusammenfassungen bzw. mündliche/schriftliche Darstellungsformen dient.

TAFELBILD 1 (Teil 1)

Nathanaels Kindheitserlebnisse mit Coppelius und sein heutiges Weltbild

1. Nathanaels Eindrücke von Coppelius

- Widerwärtiges Aussehen (»grässlichste Gestalt ... tieferes Entsetzen«, 7,19 f.)
- Sadistisches Verhalten gegen Kinder (»mit Bedacht [...] Freude verdarb«, 8,18 f.)
- Macht über die Eltern: Demütigungen
  - Mutter: Ärger, Hass (8,20 ff.), aber stilles Erdulden
  - Vater: Unterordnung (»höheres Wesen«, 8,23), vgl. auch Anrede als »Meister« und flehentliche Bitte (9,31 ff.)
- Heimliches nächtliches Treiben wg. Teufelspakt (vgl. Verwandlung des Vaters zum »Teufelsbilde«, 9,16)
- Teufelspakt, um Menschen zu erzeugen; N. als Opfer (»Nun haben wir Augen«, 9,28) [vgl. quälende Wirkung des Ammenmärchens (Kinderaugen als Vogelfutter, 5,15 ff.)]
- N. als Opfer der verbalen Grobheiten und körperlichen Übergriffe des C. (9,25 ff.)
- Tod des Vaters »mit [...] grässlich verzerrtem Gesicht« als Teufelsbündner (vgl. Sandmann, Reclam XL, S. 48, Anm. zu 11,33–37)
- Entlarvung des C. als Teufel (»Coppelius, verruchter Satan, du hast den Vater erschlagen!« (11,31 f.)

➡ KINDHEITSERINNERUNGEN

1.3 Nathanaels Wirklichkeitswahrnehmung

PA / UG

ARBEITSBLATT 1b
➤ S. 11

TAFELBILD 1
(Teil 2)
➤ S. 8

Unterrichtsschritt. Anhand weiterer ausgewählter Textstellen auf dem ARBEITSBLATT 1b ***Nathanaels Wirklichkeitswahrnehmung*** (Lösung im zweiten Teil des Tafelbilds) fügen die Schülerinnen und Schüler ihre bisherigen Informationen über Nathanaels Angst- und Verlustgefühle während seiner Kindheit zu einem Gesamtbild zusammen und vertiefen so ihren ersten Eindruck vom Weltbild und von der Wirklichkeitswahrnehmung des Studenten.

Erläuterung. Nathanaels Vorstellung von einer unentrinnbaren dämonischen Gewalt, der er hilflos ausgeliefert ist, ist nicht nur auf seine verstörenden Kindheitserlebnisse allein zurückzuführen, sondern ebenso das Ergebnis seiner angesichts des innerfamiliären Kommunikationsverbots überschießenden Fantasien. Auch das Verhalten der Eltern, die sich dem unheimlichen Besucher offenbar unterwarfen bzw. sich vor ihm fürchteten, trug zu der von Nathanael imaginierten Hilflosigkeit des Menschen vor einer allmächtigen dämonischen Gewalt bei (Arbeitsblatt auch als Vorlage für das Unterrichtsgespräch).

Leitfragen:
- Klären Sie das Weltbild bzw. die Wirklichkeitswahrnehmung Nathanaels anhand der Zitatensammlung auf der Folie / auf dem Arbeitsblatt.
- Verdeutlichen Sie die Stellung des Menschen in diesem Weltbild.

TAFELBILD 1 (Teil 2)

2. Nathanaels Wirklichkeitswahrnehmung
»in der zerrissenen Stimmung des Geistes« (4,3 f.)

- Identifizierung Coppolas als Coppelius
- Keine zufällige Begegnung, sondern Vernichtungsplan einer dämonischen Macht
- Alarmierung belastender Kindheitserfahrungen
- Panische Angst vor unentrinnbarer Bedrohung durch C.
- Mensch als Spielball dunkler, grausamer Mächte

➡ GEGENWART (als Student)

1.4 Der Antwortbrief Claras

UG

VORLAGE 1
➤ S. 14

Unterrichtsschritt. Die Briefe der Schülerinnen und Schüler in der ihnen zugewiesenen Rolle als Verlobte werden nun vorgelesen. Die Ergebnisse lassen sich in der Regel in drei Gruppen aufteilen und können unter mehreren Aspekten diskutiert werden.
- Nathanaels Überzeugung, Coppola sei identisch mit dem Coppelius seiner Kindheit, wird bezweifelt. Nathanaels Beobachtungen werden als heimliche alchimistische Versuche seines Vaters zusammen mit Coppelius aufgeklärt.
- Nathanaels Überzeugung, Coppola sei identisch mit dem Coppelius seine Kindheit wird für möglich gehalten. Aber die dämonischen Kräfte, die Nathanael ihm zuschreibt, werden bezweifelt und damit auch Nathanaels Glaube an ein Ausgeliefertsein des Menschen an böse Mächte.
- Nathanaels Überzeugung, Coppola sei identisch mit dem Coppelius seiner Kindheit, wird geteilt. Die Verlobte warnt ihn vor den Gefahren, die ihm drohen, wenn er den Tod des Vaters rächen will, weil er den nicht fassbaren dämonischen Gewalten unterlegen sei.

Anregungen zur Diskussion:
- Welcher Antwortbrief geht am gründlichsten auf Nathanaels Situation ein?
- Welcher Brief zeigt die tiefste/geringste Empathie, zeigt Ich-Abgrenzung o.ä.?
- Welcher Ratschlag der Verlobten wird für besonders plausibel gehalten?

- Wie ist das Verhältnis von Hilfestellung und rücksichtsvollem Verständnis?
- Welcher Brief zeigt eine nachvollziehbare Diagnose? Wie wird sie vermittelt?

Erläuterungen. Diese Fragestellungen, evtl. auch die Anwendung gängiger Fragen aus Kommunikationsmodellen zur Vertiefung (s. als Zusatzmaterial: VORLAGE 1 ***Friedemann Schulz von Thun: Vier-Seiten-Modell***), und die Diskussion schärfen die Wahrnehmung der Schülerinnen und Schüler und bereiten so die gemeinsame Lektüre des originalen Briefs »Clara an Nathanael« vor. Die daran anknüpfende Anschlusskommunikation (Unterrichtsgespräch) orientiert sich an den folgenden Hinweisen zum Antwortbrief Claras und wird so die Folgestunde vorbereiten. VORLAGE 1 ➤ S. 14

Hinweise zum Antwortbrief Claras (*Sandmann*, Reclam XL, S. 12–16): Ihre »vernünftige«, inhaltlich durchaus überzeugende Antwort, die ganz im Sinne der Aufklärung erfolgt, verrät zunächst Erschütterung wegen Nathanaels Kindheitserlebnissen, die ihren »gesunden, sonst so ruhigen Schlaf in allerlei wunderlichen Traumgebilden zerstören konnte[n]« (13,15 ff.). Recht unverblümt teilt sie ihm dann aber mit, »dass, wie ich meine, alles Entsetzliche und Schreckliche, wovon du sprichst, nur in deinem Innern vorging, die wahre, wirkliche Außenwelt aber daran wohl wenig teilhatte« (13,23–26). Sie klärt ihren Verlobten über die verstörenden Erlebnisse seiner Kindheit auf, die ihn noch heute belasten, und holt so die Aufklärungsarbeit nach, die wegen der Tabuisierung des Themas in Nathanaels Familie unterblieben war. Sie appelliert an ihren Verlobten, sich der Wirklichkeit zuzuwenden und »den Weg, in den uns Neigung und Beruf geschoben, ruhigen Schrittes zu verfolgen« (15,3 f.). Zwar nimmt sie sich selbst in ihren Ansichten immer wieder zurück (»ich einfältig Mädchen«, 14,24 f.) und beruft sich auf Aussagen eines Apothekers oder ihres Bruders (»Lothars letzte Worte verstehe ich nicht ganz«, 15,20 f.), verwendet deren Meinungen aber – rhetorisch sehr geschickt – als klare Bestätigungen der eigenen Überzeugung. Ihr Appell an Nathanael, sich aus der subjektiven Befangenheit, aus der naiven Verstrickung in eine kindliche Vorstellungswelt zu lösen, ist unüberhörbar. Ihre Ratschläge dazu verraten freilich eine eigene liebevolle Naivität, etwa wenn sie den offensichtlich in eine schwere Depression geratenen Verlobten zu Heiterkeit aufruft und ihn mit ihrem eigenen »laute[n] Lachen« (15,35 f.) von seinen Albträumen erlösen will. Eine positive, lebenszugewandte und heitere Umgebung kann als emotionale Ansteckung durchaus positiv wirken, wird aber in diesem Fall eine Therapie nicht ersetzen können.

Zusatzmaterial. Das Vier-Seiten-Modell der Kommunikation von Friedemann Schulz von Thun (VORLAGE 1) kann in dieser Unterrichtsphase weitere Einsichten anstoßen bzw. systematisieren und bereits Fragen und erste Antworten zum Charakter der jungen Frau auslösen.

VORLAGE 1

Friedemann Schulz von Thun: Vier-Seiten-Modell
(auch 4-Ohren-Modell bzw. Kommunikationsmodell)
hier in Anwendung auf E. T. A. Hoffmann: *Der Sandmann*

Sachaspekt:
Worüber schreibt Clara?

Clara an Nathanael:

Wahr ist es, dass du recht lange mir nicht geschrieben hast, aber dennoch glaube ich, dass du mich in Sinn und Gedanken trägst …

Selbstoffenbarung:
Was offenbart Clara über sich selbst?

Beziehungsaspekt:
Wie steht sie zu ihrem Verlobten?

Appell:
Was will Clara von ihm?

Hausaufgabe

Lektüre der gesamten ersten Hälfte der Erzählung (*Sandmann*, Reclam XL, S. 3–26).

ARBEITSBLATT 1a

Setzen Sie den Brief Claras an ihren Verlobten fort und gehen Sie dabei auf Nathanaels Situation ein. – Markieren Sie beim Schreiben wichtige Textstellen aus dem Brief Nathanaels, in denen er den Advokaten Coppelius und seine Kindheitserfahrungen mit ihm bzw. seinen Eindruck von ihm beschreibt.

Clara an Nathanael

Wahr ist es, dass du recht lange mir nicht geschrieben hast, aber dennoch glaube ich, dass du mich in Sinn und Gedanken trägst. Denn meiner gedachtest du wohl recht lebhaft, als du deinen letzten Brief an Bruder Lothar absenden wolltest und die Aufschrift, statt an ihn, an mich richtetest. Freudig erbrach ich den Brief und wurde den Irrtum erst bei den Worten inne: Ach mein herzlieber Lothar. – Nun hätte ich nicht weiter lesen, sondern den Brief dem Bruder geben sollen. Aber, hast du mir auch sonst manchmal in kindischer Neckerei vorgeworfen, ich hätte solch ruhiges, weiblich besonnenes Gemüt, dass ich wie jene Frau, drohe das Haus den Einsturz, noch vor schneller Flucht ganz geschwinde einen falschen Kniff in der Fenstergardine glattstreichen würde, so darf ich doch wohl kaum versichern, dass deines Briefes Anfang mich tief erschütterte. Ich konnte kaum atmen, es flimmerte mir vor den Augen. – Ach, mein herzgeliebter Nathanael! was konnte so Entsetzliches in dein Leben getreten sein! Trennung von dir, dich niemals wiedersehen, der Gedanke durchfuhr meine Brust wie ein glühender Dolchstich. – Ich las und las!

2019 Reclam Verlag / Max Kämper

ARBEITSBLATT 1b

Nathanaels Wirklichkeitswahrnehmung

Nathanael an Lothar

»Etwas Entsetzliches ist in mein Leben getreten! – Dunkle Ahnungen eines grässlichen mir drohenden Geschicks breiten sich wie schwarze Wolkenschatten über mich aus, undurchdringlich jedem freundlichen Sonnenstrahl. […] wie fange ich es denn an, dich nur einigermaßen empfinden zu lassen, dass das, was mir vor einigen Tagen geschah, denn wirklich mein Leben so feindlich zerstören konnte! […] Kurz und gut, das Entsetzliche, was mir geschah, dessen tödlichen Eindruck zu vermeiden ich mich vergebens bemühe, besteht in nichts anderm, als dass vor einigen Tagen […] ein Wetterglashändler in meine Stube trat und mir seine Ware anbot. […] Du ahnest, dass nur ganz eigne, tief in mein Leben eingreifende Beziehungen diesem Vorfall Bedeutung geben können, ja, dass wohl die Person jenes unglückseligen Krämers gar feindlich auf mich wirken muss.«

Sandmann, Reclam XL, 3,14–4,2

Plötzlich hereinbrechende dramatische Kindheitserinnerungen an Coppelius:

Aussehen, sadistisches Verhalten, Macht über die Eltern, Teufelspakt mit N.s Vater, um Menschen zu erschaffen, wiederholte Verwandlung des Vaters zum »Teufelsbilde«, mysteriöser Tod des Vaters …

Fortsetzung des Briefs *Nathanael an Lothar*

»Wenn ich dir nun sage, mein herzlieber Freund! dass jener Wetterglashändler eben der verruchte Coppelius war, so wirst du mir es nicht verargen, dass ich die feindliche Erscheinung als schweres Unheil bringend deute. Er war anders gekleidet, aber Coppelius' Figur und Gesichtszüge sind zu tief in mein Innerstes geprägt, als dass hier ein Irrtum möglich sein sollte […]. Der Mutter erzähle nichts von dem Erscheinen des grässlichen Unholds […].«

Sandmann, Reclam XL, 12,5–11 und 17 f.

Arbeitsaufträge:

1. Erläutern Sie die Folgen der Begegnung mit Coppola für Nathanael und seine Wirklichkeitswahrnehmung bzw. sein Weltbild. Berücksichtigen Sie dabei auch Details aus dem Tafelbild.
2. Verdeutlichen Sie die Stellung des Menschen in diesem Weltbild.

2019 Reclam Verlag / Max Kämper

2 Charaktere und Beziehung der Verlobten erarbeiten

Sachanalyse

Wie von ihm angekündigt kehrt Nathanael für einige Zeit aus dem Universitätsstädtchen in sein Elternhaus zurück, vor allem um »mein süßes liebes Engelsbild, meine Clara« (17,26 f.) wiederzusehen. Daheim angekommen, ist sein Ärger über den fehlgeleiteten Brief und Claras Antwort zunächst verflogen, denn »Clara hing an dem Geliebten mit ganzer Seele; die ersten Wolkenschatten zogen durch ihr Leben, als er sich [für die Aufnahme seines Studiums] von ihr trennte. Mit welchem Entzücken flog sie in seine Arme, als er nun [...] wirklich in seiner Vaterstadt ins Zimmer der Mutter eintrat. Es geschah so wie Nathanael geglaubt [...], jede Verstimmung war verschwunden« (21,8–17). Doch schon in den ersten Tagen danach zeigt sich ein »in seinem ganzen Wesen durchaus verändert[er]« (21,22) Nathanael, der »in düstre Träumereien« (21,23) versinkt, dem das Leben zu »Traum und Ahnung« (21,25) geworden ist und der mit seiner fatalistisch-finsteren Weltsicht, wonach der Mensch nur »dunklen Mächten zum grausamen Spiel diene« (21,27 f.), seine Verlobte, die »verständige[]« (21,36) Clara, missionieren will. Ihr liebevoll-kritischer Brief an den Verlobten, in dem sie die Willensfreiheit des Menschen betont hatte, ist also keineswegs von ihm vergessen, sondern zum Stimulus seiner Bemühungen geworden, ihr sein dunkles, mythisches Weltbild aufzudrängen und die junge Frau in die angeblichen »Geheimnisse« (22,19) des Lebens einzuweihen – und sie so seiner eigenen Weltsicht zu unterwerfen. Anstatt auf der Grundlage der bisher gemeinsamen Realität eine gemeinsame Zukunft für das Abenteuer Liebe und Ehe zu planen, geraten die beiden in einen aussichtslosen Beziehungskampf um ihre jeweiligen Weltbilder: »[U]nd so entfernten beide im Innern sich immer mehr voneinander, ohne es selbst zu bemerken.« (23,7 f.).

Auch zu einer Fortsetzung seiner bisher »anmutigen, lebendigen Erzählungen« (22,32 f.), die seine Verlobte ganz besonders geschätzt hatte, ist er nicht mehr fähig. Seine Dichtungen werden »düster, unverständlich, gestaltlos« (22,35) und sind – ähnlich seinen kindlichen Zeichnungen vom Sandmann – zu einem Medium der Bewältigung seines Kindheitstraumas durch ästhetische Gestaltung geworden. Das wird besonders deutlich an einem abgründigen Gedicht, mit dem er endgültig eine schwere Beziehungskrise auslöst. In dieses Gedicht, das als harmlose Liebeslyrik beginnt, arbeitet Nathanael das »Schockerlebnis der zerstörten Kindheit ein; der ›Sandmann‹ als zwiespältige Doppelfiguration von geliebtem Vater und schrecklichem Augenräuber Coppelius drängt sich in die Reinheit der Liebe zwischen Nathanael [...] und Clara, der Frau mit den himmels- und seeklaren Augen, hinein: Das *déjà vu* des Kindheitsschocks wird in das *imprévu* des Lieberlebnisses hineingezwungen, das *Trauma* der Kindheit in die *Erkennungsszene* zwischen Liebenden«[1]: In einem alptraumhaften Szenario erhält Coppelius Macht über die Liebenden, lässt Claras Augen »wie blutige Funken sengend und brennend« (23,21 f.) in Nathanaels Brust springen und reißt ihn vom Traualtar weg in einen Feuerkreis. Noch deutlicher wird das Hineindrängen der aktuellen Beziehungskrise im beklemmenden Ausgang des Gedichts, als Clara ihn mit ihrer Stimme »an ihre Seite ziehen will, doch dann entfaltet sich eine Vernichtungsfantasie, in der er den Blick ihrer Augen als Todesblick erfährt«[2]. – Indem Nathanael die eigene Gereiztheit gegenüber Clara auf die Verlobte im Gedicht projiziert, offenbart er seinen Narzissmus, seine »Selbstverfallenheit, die ihn am Gegenüber nicht mehr die liebende Anteilnahme, sondern nur noch brüske Abweisung wahrnehmen lässt«[3].

Nathanaels »nicht geringe[r] Ärger« (22,17) über Clara und deren Weigerung, sich auf seine mystische Weltsicht einzulassen, resultiert auch aus einem für ihn ungewohnten Rollenverhalten seiner Verlobten. Angesichts der belastenden Veränderungen Nathanaels emanzipiert sie sich immer mehr von der ihr zugedachten Rolle als »süßes liebes Engelsbild« (17,26) und tritt ihm, zunächst schriftlich, dann in den mündlichen Auseinandersetzungen, bei aller liebevollen Anteilnahme durchaus selbstbewusst gegenüber – immer mit einer klaren, ihn widerlegenden Argumentation. »[M]an sollte gar nicht glauben, dass der Geist, der aus solch hellen hold lächelnden Kindesaugen, oft wie ein lieblicher süßer Traum, hervorleuchtet, so gar verständig, so magistermäßig distinguieren könnte« (16,12–15), schreibt er an ihren Bruder Lothar, als stehe einer Frau – allemal seiner zukünftigen Frau – die auf Argumenten beruhende rationale Durchdringung eines Gegenstands, im Diskurs ausgetragen, nicht zu. Geliebt hat Nathanael, das wird bereits im ersten Teil

1 Gerhard Neumann, »E. T. A. Hoffmann, ›Der Sandmann‹«, in: *Meisterwerke der Literatur*, hrsg. von Reinhard Brandt, Leipzig 2001, S. 200 f.

2 Günter Saße, »›Der Sandmann‹. Kommunikative Isolation und narzisstische Selbstverfallenheit«. in: *Interpretationen. E. T. A. Hoffmann. Romane und Erzählungen*, hrsg. von G. S., Stuttgart 2004, S. 109.

3 Ebd.

der Novelle deutlich, lediglich sein Bild von Clara als »mein süßes liebes Engelsbild« (17,26). Als Clara ihm angesichts der Verstörung des Verlobten eine »solche kriecherische Zuwendung unter Aufgabe eigener Ansprüche verweigert«[4], spricht er ihr die Kompetenz zur Mitsprache ab, um sowohl sein mystisches Weltbild als auch seinen traditionellen patriarchalischen Status zu retten: »*Der* [Nathanael] dachte, kalten unempfänglichen Gemütern erschließen sich solche tiefe Geheimnisse nicht, ohne sich deutlich bewusst zu sein, dass er Clara eben zu solchen untergeordneten Naturen zähle« (22,17–21).

4 Thomas Koebner, »E. T. A. Hoffmann: ›Der Sandmann‹«, in: *Interpretationen. Erzählungen und Novellen des 19. Jahrhunderts*, Bd. 1, Stuttgart 1988, S. 276.

Unterrichtsverlauf

Überblick. Das Stundenthema wird nach gemeinsamer bzw. individueller Lektüre von Schlüsselstellen im Unterrichtsgespräch erarbeitet. Anhand eines Arbeitsblatts erweitern die Schülerinnen und Schüler diese Ergebnisse und gelangen über die offensichtlichen Störungen der Beziehung von Nathanael und Clara hinaus zu grundlegenden Erkenntnissen zum zentralen Motiv und zum Frauenbild in der Novelle. Ein sekundärwissenschaftlicher Text (2.4) liefert zur Vertiefung Erklärungen für die Vermischung von Kindheitstrauma, Wirklichkeit und narzisstische Projektion. **Verkürzter Verlauf: 2.2 – 2.3.**

Phase	Thema	Sozialform	Kompetenzen und Lernziele	Materialien
Voraussetzung: Kenntnis der ersten Hälfte der Novelle (bis 26,18)				
2.1 **fakultativ**	Die Federzeichnung Hoffmanns zur Urszene (1815/16)	UG	• Ein hoch kodiertes Bild mit Hilfe kultureller Hintergründe entschlüsseln und als Problemstellung zur Lektüre entdecken	VORLAGE 2
2.2	Von der Verstimmung zur schweren Beziehungskrise	UG / PA	• Veränderungen von Weltbildern als Krisenfaktor für zwischenmenschliche Beziehung wahrnehmen	TAFELBILD 2 ➤ S. 15
2.3	Nathanaels Bild von Clara	PA	• Die Bedeutung traditioneller Rollenbilder als relevantes Motiv der Novelle erfassen • Das Augenmotiv als strukturelles Merkmal der Novelle erfassen	ARBEITSBLATT 2a ➤ S. 17
2.4 **fakultativ**	Kommunikative Isolation und narzisstische Selbstverfallenheit	EA / UG	• Kenntnisse wissenschaftlicher Sekundärtexte in die Kontextualisierung literarischer Texte einbeziehen	ARBEITSBLATT 2b ➤ S. 18
HA	Lektüre der zweiten Hälfte der Erzählung			*Sandmann*, Reclam XL, S. 26–52

2.1 Die Federzeichnung Hoffmanns zur Urszene (1815/16) (fakultativ)

Unterrichtsschritt. Die Zeichnung Hoffmanns zur »Urszene« der novellistischen Erzählung, also zu Nathanaels heimlichen Beobachtungen und Erfahrungen bei alchimistischen Versuchen seines Vaters und dessen Freund Coppelius (VORLAGE 2 , auch in *Sandmann*, Reclam XL, S. 84), dient als Bildimpuls zum Stundenthema. UG

VORLAGE 2 ➤ S. 14

Erläuterung zum Bild. Die Zeichnung zeigt den zutiefst erschrockenen Nathanael in seinem Versteck, kann aber die im Brief mitgeteilten Beobachtungen und inneren Bilder Nathanaels nicht umsetzen. Die beiden Männer im Vordergrund befinden sich in einer Begrüßungssituation, in der angesichts der devoten Haltung des Vaters vor allem ein hierarchisches Gefälle deutlich wird. Auf eine verschwörerische Sitzung von Teufelsbündnern gibt es

VORLAGE 2 Federzeichnung Hoffmanns zum *Sandmann*, wohl 1815/16: Coppelius und Nathanaels Vater

ohne Textkenntnisse keine Hinweise, denn der Qualm unter dem Rundbogen scheint einem offenen Kamin oder einem Herd zu entstammen, und das fratzenhaft hässliche Gesicht des Coppelius und seine dunkle Gesichtsfarbe mochten damals vielleicht Kinder verunsichert haben – etwas Dämonisches ist hier nicht zu erkennen.

Nur wenn die eigenartige Stellung des rechten Beins und der offenbar zu kurz geratene rechte Fuß zusammen mit dem Gehstock thematisiert werden, erschließt sich ein typisches äußeres Merkmal des Teufels, der auf mittelalterlichen Bildern noch als tierisch-menschliches Mischwesen mit zwei Hufen dargestellt wurde. Erst durch seine Anthropomorphisierung seit der Aufklärung verlor der Teufel in Darstellungen von Kunst und Literatur den typischen Pferdefuß. In Goethes *Faust I* verweist Mephisto in der »Hexenküche« sogar auf künstliche Waden, die er der Mode entsprechend neuerdings trage, als er auf seinen fehlenden Pferdefuß angesprochen wird. – Hoffmann übernimmt mit seiner Darstellung des Coppelius also sehr wohl die Wahrnehmung Nathanaels und verleiht ihr mit seiner Illustration den Anschein von etwas Objektivem. Hoffmanns zeichnerische Gestaltung des rechten Fußes könnte aber auch eine etwas verunglückte perspektivische Darstellung eines normalen Fußes sein, so dass bereits hier auf das Zwielichtige und Doppelbödige seiner Darstellungsart verwiesen werden kann.

Da Nathanaels Begegnung mit Coppola seine traumatischen Erfahrungen aktiviert und seine plötzliche Verstörung ausgelöst hat, führt dieser Einstieg unmittelbar zum Stundenthema.

2.2 Von der Verstimmung zur schweren Beziehungskrise

UG / PA

TAFELBILD 2
➤ S. 15

Unterrichtsschritt. An diesen Stundeneinstieg anschließend, führt das Unterrichtsgespräch direkt zum Höhepunkt der krisenhaften Gefährdung der Verlobung und informiert die Lehrkraft über die Rezeption des Textes im häuslichen Leseauftrag. Die Erarbeitung des TAFELBILDS 2 zu der Zuspitzung des in den drei Briefen der Exposition bereits angekündigten Konflikts erfolgt in zwei Schritten.

Erster Schritt: Im Anschluss an die gemeinsame Lektüre 21,18–22,12 werden alle bisher bekannten oder erarbeiteten Informationen anhand der Leitfragen in arbeitsteiliger Partnerarbeit zunächst in Stichworten (als Basis für Kurzreferate), dann im Unterrichtsgespräch zum (ersten Teil des) Tafelbilds gesammelt.

Zweiter Schritt: Nach der weiteren gemeinsamen Lektüre (22,12–25,6) wird das Tafelbild im Unterrichtsgespräch vervollständigt (Blockpfeil).

Leitfragen zur arbeitsteiligen Partnerarbeit:
- Einigen Sie sich auf drei Begriffe zur Charakterisierung Nathanaels bzw. Claras, und belegen Sie Ihre Begriffe mit den entsprechenden Zitaten.
- Beschreiben Sie das jeweilige Weltbild und die inneren Überzeugungen der Verlobten.

TAFELBILD 2

Charaktere und Beziehung der Verlobten

Nathanael	**Clara (lat., ›die Klare, Vernünftige‹)**
Schwermütig; versunken in »Traum und Ahnung« (21,25); nach innen gekehrt	Liebevolle junge Frau; heiteres Wesen; lebensbejahend
<u>Düsteres Weltbild:</u> • Überblendung der Wirklichkeit durch Angstfantasien • Mensch als Spielball bösartiger Mächte • Ohnmacht des Menschen gegenüber einer Schicksalsmacht • Willensfreiheit als Illusion • Zerstörung des Liebesglücks durch bösen Dämon (Coppelius/Coppola)	<u>Positives Weltbild:</u> • Gefühlssicherheit in ihrer Liebe • Zurückweisung des düsteren Weltbilds N.s als innere Bilder (»nur dein Glaube ist seine Macht«, 22,11 f.) • Überzeugt von den Möglichkeiten des menschlichen Verstands und Willens • Krise N.s dadurch gemeinsam überwindbar
Fester Glaube an einen allmächtigen Dämon, dem er hilflos unterworfen ist	**Fester Glaube an die Kräfte des menschlichen Verstands zur positiven Lebensgestaltung**

↓

Gegenseitige Überzeugungsversuche führen zu schwerem Konflikt:
»als griffe eine schwarze Faust in ihr Leben und risse irgendeine Freude heraus« (23,17 f.)

N.s Gedicht als Zerstörung der Liebe durch Angst- und Gewaltfantasien:
C.: »[Wirf] das tolle – unsinnige – wahnsinnige Märchen ins Feuer.« (25,1 f.)
N.: »Du lebloses, verdammtes Automat!« (25,3 f.)

2.3 Nathanaels Bild von Clara

Unterrichtsschritt. Anhand von ARBEITSBLATT 2a ***Nathanaels Bild von Clara*** gewinnen die Schülerinnen und Schüler einen Eindruck von Nathanaels (Wunsch-)Bild von seiner Verlobten, die er seit klein auf kennt, weil seine Mutter die verwaisten Geschwister Lothar und Clara aus entfernter Verwandtschaft bei sich aufgenommen hatte.

PA

ARBEITSBLATT 2a

➤ S. 17

Erläuterung. Die Aufgabenstellung (Partnerarbeit) bereitet den Kurs auf Themen vor, die in späteren Unterrichtsstunden vertieft werden. Über die Resultate aus der ersten Unterrichtsstunde hinaus verdeutlicht diese Auswahl von Texten, dass der *Sandmann* insbesondere eine Erzählung über das Sehen ist bzw. über das Auge als Organ der Wahrnehmung der Menschen und der Welt. Die Texte zeigen eine erhebliche Irritation des wahrnehmenden Subjekts (Nathanael) selbst bei zutiefst Vertrautem wie der eigenen Verlobten. Die bereits in der Kindheit erfahrene Verwirrung der eigenen Wahrnehmung zwischen Wirklichkeit und Fantasie setzt sich in der zwischenmenschlichen Beziehung fort.

2.4 Kommunikative Isolation und narzisstische Selbstverfallenheit (fakultativ)

EA / UG

ARBEITSBLATT 2b
➤ S. 18

Unterrichtsschritt. Der fachwissenschaftliche Text ARBEITSBLATT 2b ***Günter Saße: Der Sandmann. Kommunikative Isolation und narzisstische Selbstverfallenheit*** fasst die Stundenergebnisse auf anspruchsvollem Niveau zusammen und stößt eine differenzierte Wahrnehmung des Protagonisten Nathanael und der Motive der Novelle an.

Erläuterung. Vor dem Hintergrund der Traumatisierung Nathanaels und der aus Gründen eines patriarchalischen Familienbildes verwehrten Offenheit gegenüber Clara verhindert seine narzisstische Veranlagung einen fruchtbaren Dialog mit der Verlobten. Auf der Basis solcher Stundenergebnisse vertieft sich der häusliche Leseauftrag für den zweiten Teil der Novelle.

Hausaufgabe

Lektüre der zweiten Hälfte der Erzählung (*Sandmann*, Reclam XL, S. 26–52).

ARBEITSBLATT 2a

Nathanaels Bild von Clara

1. *Erster Brief Nathanaels an Lothar:* »[I]n süßen Träumen geht meines holden Clärchens freundliche Gestalt vorüber und lächelt mich mit ihren hellen Augen [...] anmutig an«. (3,8–10)
2. *Erster Brief Nathanaels an Lothar:* »Indem ich anfangen will, höre ich dich lachen und Clara sagen: das sind ja rechte Kindereien!« (4,6–8)
3. *Brief Claras an Nathanael:* »Nun wirst du wohl unwillig werden über deine Clara, du wirst sagen: in dies kalte Gemüt dringt kein Strahl des Geheimnisvollen, [...] sie erschaut nur die bunte Oberfläche der Welt«. (14,13–17)
4. *Brief Claras an Nathanael:* »Gibt es eine dunkle Macht, die so recht feindlich und verräterisch einen Faden in unser Inneres legt, woran sie uns dann festpackt und fortzieht auf einem [...] verderblichen Weg, den wir sonst nicht betreten haben würden [...], so muss sie in uns sich, wie wir selbst gestalten, ja unser Selbst werden; denn nur *so* glauben wir an sie und räumen ihr den Platz ein, dessen sie bedarf, um jenes geheime Werk zu vollbringen. [...] Es ist das Phantom unseres eigenen Ichs, dessen innige Verwandtschaft und dessen tiefe Einwirkung auf unser Gemüt uns in die Hölle wirft, oder in den Himmel verzückt.« (14,30–15,15)
5. *Zweiter Brief Nathanaels an Lothar:* »[M]an sollte gar nicht glauben, dass der Geist, der aus solch hellen hold lächelnden Kindesaugen, oft wie ein lieblicher süßer Traum, hervorleuchtet, so gar verständig, so magistermäßig distinguieren könne.« (16,12–15)
6. *Zweiter Brief Nathanaels an Lothar:* »Du liesest ihr wohl logische Collegia, damit sie alles fein sichten und sondern lerne.« (16,16–18)
7. *Zweiter Brief Nathanaels an Lothar:* »Ich muss mein süßes liebes Engelsbild, meine Clara, wiedersehen. Weggehaucht wird dann die Verstimmung sein, die sich (ich muss das gestehen) nach dem fatalen verständigen Briefe meiner bemeistern wollte. Deshalb schreibe ich auch heute nicht an sie.« (17,26–30)
8. *Der Erzähler, der behauptet, beide Figuren und deren Familienverhältnisse gut zu kennen, berichtet u. a. über Clara:* »Clara wurde [...] von vielen kalt, gefühllos, prosaisch gescholten; aber andere, die das Leben in klarer Tiefe aufgefasst, liebten ungemein das gemütvolle, verständige, kindliche Mädchen, doch keiner so sehr, als Nathanael, der sich in Wissenschaft und Kunst kräftig und heiter bewegte.« (21,3–8)
9. *Der Erzähler:* »Nathanael, ganz erzürnt, dass Clara die Existenz des *Dämons* nur in seinem eignen Innern statuiere, wollte dann hervorrücken mit der ganzen mystischen Lehre von Teufeln und grausen Mächten, Clara brach aber verdrüsslich ab, indem sie irgendetwas Gleichgültiges dazwischenschob, zu Nathanaels nicht geringem Ärger.« (22,12–17)
10. *Der Erzähler berichtet, wie Nathanael die Vorstellung, Coppelius zerstöre sein Liebesglück, zum Thema eines Gedichts macht. Dazu stellt er* »sich und Clara dar, in treuer Liebe verbunden, aber dann und wann war es, als griffe eine schwarze Faust in ihr Leben und risse irgendeine Freude heraus [...]. Endlich, als sie schon am Traualtar stehen, erscheint der entsetzliche Coppelius und berührt Claras holde Augen: *die* springen in Nathanaels Brust wie blutige Funken sengend und brennend [...]«. (23,15–22)
11. *In der Rekonstruktion des Gedichts heißt es weiter:* »Aber durch dies wilde Tosen hört er Claras Stimme: ›Kannst du mich denn nicht erschauen? Coppelius hat dich getäuscht, das waren ja nicht meine Augen, die so in deiner Brust brannten, das waren ja glühende Tropfen deines eignen Herzbluts – ich habe ja meine Augen, sieh mich doch nur an!‹« (23,28–33)
12. *Der Erzähler schließt die Zusammenfassung des Gedichts mit den Worten ab:* »Nathanael blickt in Claras Augen; aber es ist der Tod, der mit Claras Augen ihn freundlich anschaut.« (23,37–24,2)

Arbeitsaufträge:

1. Beschreiben Sie die veränderte Wahrnehmung Claras durch ihren Verlobten und versuchen Sie die Ursachen zu klären.
2. Weisen Sie anhand der Sammlung von Textausschnitten auf dem Arbeitsblatt die doppelte Funktion des Auges als Wahrnehmungsorgan der Außenwelt und als Ausdruck von Gefühlen bzw. als »Fenster der Seele« (Leonardo da Vinci) nach.
3. Zeigen Sie, dass die Außenwelt keineswegs neutral bzw. objektiv wahrgenommen, sondern emotional gefiltert wird.
4. Belegen Sie anhand weiterer Textstellen aus der ersten Hälfte des *Sandmann*, dass das Augenmotiv bzw. das Sehen das zentrale Motiv der novellistischen Erzählung ist. Beginnen Sie bei Ihren Erläuterungen mit dem Titel.

2019 Reclam Verlag / Max Kämper

Günter Saße: *Der Sandmann*. Kommunikative Isolation und narzisstische Selbstverfallenheit

»Die einstmals gemeinsame Realität, in der die Verlobten lebten, solange Nathanael sein Lebenstrauma zu verdrängen vermochte, löst sich auf. Ihre Gespräche dienen nicht mehr der Konstruktion einer von beiden geteilten Wirklichkeit, die jeder für sich als bedeutsam erfährt; sie sind nun von der Absicht bestimmt, den anderen auf die eigene Weltsicht festzulegen. Erfolglos versucht Clara, Nathanael mit vernünftigen Argumenten in ihre Welt zu ziehen; dieser hingegen bemüht sich vergeblich, ihr seine düstere Sicht, nach der der Mensch »nur dunklen Mächten zum grausamen Spiel« (21) diene, aufzunötigen – »und so entfernten beide im Innern sich immer mehr voneinander, ohne es selbst zu bemerken« (23). Ein letztes Mal versucht Nathanael, Clara seinem desaströsen Selbstverständnis zu unterwerfen; er feilt lange an einem Gedicht, das die »düstre Ahnung, dass Coppelius sein Liebesglück stören werde, zum Gegenstande« (23) hat. Der Leser bekommt das fertige Werk zwar nur als Paraphrase übermittelt; dennoch wird deutlich, wie sehr Nathanael hier sein Trauma aus erinnerten Versatzstücken und gegenwärtigen Empfindungen zu einem unheilvollen Szenario gestaltet. In ihm ertönt zwar noch einmal die Stimme der lebenszugewandten Clara, die ihn an ihre Seite ziehen will, doch dann entfaltet sich eine Vernichtungsphantasie, in der er den Blick ihrer Augen als Todesblick erfährt – ein Zeichen seiner Selbstverfallenheit, die ihn am Gegenüber nicht mehr liebende Anteilnahme, sondern nur noch brüske Abweisung wahrnehmen lässt.«

Günter Saße: *Der Sandmann*. Kommunikative Isolation und narzisstische Selbstverfallenheit.
In: Interpretationen. E. T. A. Hoffmann. Romane und Erzählungen. Hrsg. von G. S. Stuttgart: Reclam, 2004. S. 108 f.

Arbeitsaufträge:

1. Warum gelingt es den Liebenden nicht, ihre Krisen zu überwinden?
2. Erklären Sie mit eigenen Worten, was im letzten Satz über menschliche Wahrnehmung gesagt wird. Warum spricht der Verfasser (Günter Saße) hier von Selbstverfallenheit?
3. Versuchen Sie als Beziehungsberater/in, die Verlobung von Clara und Nathanael zu retten.

2019 Reclam Verlag / Max Kämper

3 Nathanaels Beziehung zu Olimpia als ver-rückte Liebe begreifen

Sachanalyse

Clara begegnet ihrem Verlobten bereits in ihrem ersten Brief mit einer eigenen, kontroversen Meinung und zieht zwischen beide angesichts seiner Bekehrungsversuche immer deutlicher die »Grenze der Normalität, um nicht von seiner Wahnwelt verschlungen zu werden«[1]. Ihre zunächst behutsam und liebevoll vorgebrachten Versuche, Nathanael von seinen Ängsten zu befreien und zur vertrauten Normalität zurückzuführen, verändern sich mit zunehmender Gereiztheit zu ironischen Belehrungen und schließlich eindeutigen Verhaltensanweisungen. Auf dem Höhepunkt der Beziehungskrise, die fast zu einem Duell zwischen Lothar und Nathanael geführt hätte, kommt es zu einer Versöhnung der drei jungen Leute mit gegenseitigen Schwüren, »nicht voneinander zu lassen in steter Liebe und Treue« (26,6). Nathanaels Einbildung, mit der Aussöhnung habe er der »finstern Macht« (26,9) erfolgreich Widerstand geleistet und sich so der drohenden Vernichtung entzogen, enthält allerdings noch deutliche Züge dieses bedrohlichen Weltbilds, so dass von einer Heilung keine Rede sein kann.

Kaum zurück in der Universitätsstadt, entfaltet sich »in Nathanaels Innerem ein psychodynamischer Prozess, in dem er sich von der lebensbejahenden Clara abwendet und der leblosen Automatenfrau Olimpia zuwendet, die er in der benachbarten Wohnung des Professors Spalanzani sieht«[2]. Beschleunigt wird diese Entwicklung durch einen Hausbrand, der ihn zur Suche nach einem neuen Studentenzimmer nötigt, und durch das abermalige Auftreten des Wetterglashändlers Coppola, der ihm ein »Taschenperspektiv« (28,25) verkauft. Dieses kleine Fernrohr wird zum »Auslöser, um seine projektiven Energien freizusetzen, die ihm seine Innenwelt als Außenwelt inszenieren«[3]: Von unwiderstehlicher Gewalt getrieben, sitzt der Student in seiner neuen Unterkunft stundenlang mit seinem Fernrohr am Fenster und projiziert seine Sehnsucht nach einer verständnisvollen Geliebten, nach einem »holde[n] Engelsbild« (3,6), das ihn liebt und versteht, auf eine tote Puppe in der Wohnung gegenüber. Im Gegensatz zu Clara, die nicht bereit war, sich auf seine Weltsicht einzulassen, kann Olimpia ihn nicht zurückweisen, da sie alles Leben nur durch ihn erhält – etwa wenn in ihren starren und wie toten Augen plötzlich durch seine Betrachtung mit dem Fernrohr »die Sehkraft entzündet würde; immer lebendiger und lebendiger flammten die Blicke« (28,36 f.); oder wenn es später erst der Kuss mit seinen »glühenden« Lippen ist, der Olimpias »eiskalte Lippen« (33,4) »zum Leben [...] erwarmen« (33,8) lässt.

Hoffmanns Interesse an Androiden entsprach der zeitgenössischen Faszination für die Meisterwerke künstlich gefertigter Menschen im 18. Jahrhundert wie den redenden oder Schach spielenden Türken (Kempelen) oder die mechanische Harmoniumspielerin (Pierre und Henri-Louis Jacques-Droz). Die Haltung gegenüber solchen Konstrukten schwankte zwischen Begeisterung für die geniale technische Leistung und Entsetzen vor der mechanischen Nachahmung menschlicher Bewegungen und den toten gläsernen Augen ohne Sehkraft (vgl. Hoffmanns Erzählung *Die Automate*). Diesen zweiten Aspekt kehrt Hoffmann gewissermaßen um, wenn er in einem Exkurs (38,24–39,34) die bürgerliche Gesellschaft als mechanisch funktionierende »Holzpuppen« kritisiert. Ironisch gebrochen wird eine solche Kritik wiederum, wenn der romantisch versponnene Nathanael seine Verlobte mit ihrem »hellen scharf sichtenden Verstand« (20,33 f.) als »lebloses, verdammtes Automat« (25,3 f.) beschimpft.

Bereits vor dem Ball in Spalanzanis Haus, der Olimpia in die Gesellschaft einführen soll, ist Nathanael nur durch seine unentwegte voyeuristische Betrachtung der einsamen Schönen »getrieben von Sehnsucht und glühendem Verlangen« (29,36 f.). Auf dem Ball hat er nur Augen für die neue Geliebte, vergisst »[d]urch den Tanz und durch den [...] Wein erhitzt« (32,17–19) alles um sich herum – auch die übrige Gesellschaft, die die Künstlichkeit der Figur allmählich durchschaut – und überhäuft den nahezu stummen Automaten in seinen Armen mit Liebesbeteuerungen: »Gottgleich schafft Nathanael sich ein liebend-bestätigendes Gegenüber, doch nicht aus Hybris, sondern aus Sehnsucht nach vorbehaltloser Anerkennung. Anders als Clara tritt ihm Olimpia nicht mit eigener Meinung gegenüber, sie korrigiert ihn nicht, sondern nimmt ihn so sehr an, dass ihm scheint, ›als habe die Stimme aus seinem Innern selbst herausgetönt‹ (36). In Olimpia glaubt er die Akzeptanz zu finden, die ihm seine Familie und seine Verlobte versagt haben. Stundenlang kann sie ihm mit nie erlahmender Aufmerksamkeit

1 Günter Saße, »›Der Sandmann‹. Kommunikative Isolation und narzisstische Selbstverfallenheit«. in: *Interpretationen. E. T. A. Hoffmann. Romane und Erzählungen*, hrsg. von G. S., Stuttgart 2004, S. 110.

2 Ebd., S. 109.

3 Ebd., S. 110.

zuhören, ohne je nachzufragen oder womöglich Kritik zu üben. Viel redet sie ohnehin nicht; außer einem einmaligen ›Gute Nacht, mein Lieber!‹ (36) produziert sie nur die Seufzer ›Ach, Ach!‹ (35). Nathanael ist das genug. Nachdem das ›dunkle Verhängnis‹ (10), unter dessen Gewalt er sich wähnt, von Clara wie vormals von seinen Eltern konsequent abgewiesen wurde, will sich Nathanael nicht mehr von einem eigenständigen Gegenüber in Frage stellen lassen, sondern sich in narzisstischer Selbstbespiegelung bestätigt sehen«[4]. So bleibt die zersetzende, mit den Erinnerungsschüben an das Verdrängte völlig unberechenbare Verstrickung von Bewusstsein und Unbewusstem unauflösbar. Da dieses gefährliche Knäuel noch mit einer zusätzlichen Verwirrung der Realitätswahrnehmung durch das Fernglas verflochten wird, erscheint »das Jetzt des Helden fortgesetzt und auf zerstörerische Weise an das Damals geknüpft; die Oberfläche seines Erlebens an die bedrohliche und zerstörerische Tiefe gebunden.«[5]

Ähnlich wie in seiner Heimatstadt sind die Bemühungen der Freunde, ihn von seinem Irrtum abzubringen, vollkommen zwecklos. Als Siegmund ihn besorgt darauf anspricht, warum er sich in eine »Holzpuppe« (34,5) verliebt habe, verteidigt Nathanael das Objekt seiner Liebe vehement als eine besonders tiefe Seele, deren Liebe und Erkenntnisvermögen von »kalten, prosaischen Menschen« (34,32 f.) nicht erfasst werden könnten, sondern nur durch ihn und sein poetisches Gemüt: »Nur *mir* ging ihr Liebesblick auf und durchstrahlte Sinn und Gedanken, nur in Olimpias Liebe finde ich mein Selbst wieder.« (34,34–37) Im Gegensatz zu Frühromantikern, die in solcher Seelenverwandtschaft Erlösung von innerer Zerrissenheit zu sehen vermochten, dominieren bei Hoffmann der psychopathologische Blick und die ironische Anspielung auf ein gesellschaftlich geprägtes Frauenbild: »Denn der Liebesenthusiast Nathanael ist ein Wahnsinniger, der in solipsistischer Selbstverfallenheit eine Automatenfrau zum Spiegel seiner selbst macht, ihr einzig zu dem ihm unbewussten Zweck Leben verleiht, sich als eine Person zu halluzinieren, die in Übereinstimmung mit sich lebt – um den Preis, dass er alle Einsprüche der Mitmenschen, die ihn wieder in die Sphäre der Normalität holen wollen, abwehrt und so, von außen betrachtet, seine kommunikative Isolation unaufhebbar macht.«[6]

4 Ebd., S. 110 f.

5 Gerhard Neumann, »E. T. A. Hoffmann, ›Der Sandmann‹«, in: *Meisterwerke der Literatur*, hrsg. von Reinhard Brandt, Leipzig 2001, S. 216.

6 Saße (Anm. 1), S. 111 f.

Unterrichtsverlauf

Überblick. Anhand von Textauszügen vertiefen und ergänzen die Schülerinnen und Schüler ihre Erstrezeption der Olimpia-Handlung zu einem umfassenden Bild der pathologischen Bewusstseinsveränderung Nathanaels. Eine szenische Interpretation öffnet ihnen den Weg zu weiteren Erkenntnissen über die Ursachen und Auswirkungen von Nathanaels Wahnvorstellungen. Mit ihren Einsichten zu Nathanaels Wirklichkeitsverwirrung und zur Bedeutung des Perspektivs erarbeiten sie sich auch Grundlagen zur späteren Einordnung der Novelle in einen literaturhistorischen Kontext. **Verkürzter Verlauf: 3.1 – 3.2 – 3.3 – 3.4**

Phase	Thema	Sozialform	Kompetenzen und Lernziele	Materialien
Voraussetzungen: Lektüre der gesamten Novelle				
3.1	Der Traum vom künstlichen Menschen	LV	• Faszination und Schrecken von Automaten im ausgehenden 18. Jahrhundert vermitteln	VORLAGE 3 ➤ S. 21
3.2	Nathanaels Liebe zur Androidin Olimpia	PA / UG	• Sinnzusammenhänge zwischen einzelnen Einheiten des Textes herstellen und in ihrer Bedeutung differenziert erfassen • Die Wahrnehmungsstörungen N.s als Folge des Traumas und eines krankhaft gesteigerten Narzissmus erkennen • Voraussetzungen zur Epochenzuordnung entdecken	ARBEITSBLATT 3a ➤ S. 25 TAFELBILD 3 (Teil 1) ➤ S. 23

3.3	Szenische Interpretation der verr-rückten Liebe	GA / UG	• Aus Nathanaels kommunikativem Verhalten die Merkmale seines Wahns ableiten	TAFELBILD 3 (Teil 2) ➤ S. 23
3.4	Die Sage von Pygmalion (nach Ovid)	UG	• Motive literarischer Texte, die auch bis in die Antike zurückreichen können, vergleichend zur Texterschließung nutzen	ARBEITSBLATT 3b ➤ S. 26 (entspricht *Sandmann*, Reclam XL, S. 91 f.)
3.5 **fakultativ**	Der Traum vom künstlichen Menschen	UG	• Ursache und Motive literarischer Themen vergleichend zur Texterschließung nutzen	*Sandmann*, Reclam XL, S. 88 f., 92–96

3.1 Der Traum vom künstlichen Menschen

Unterrichtsschritt. Anhand des Bildes *Die mechanische Harmoniumspielerin* (VORLAGE 3, auch in *Sandmann*, Reclam XL, S. 90) erfolgt eine Einführung (Lehrervortrag) zum Stundenthema, die zum ersten Unterrichtsgespräch über die Leseeindrücke zur Automatenfrau Olimpia und ihrer Wirkung auf Nathanael führt. LV

VORLAGE 3 ➤ S. 21

VORLAGE 3 Die mechanische Harmoniumspielerin von Pierre und Henri-Louis Jacques-Droz, 1774. – Wikimedia Commons CC BY-SA 2.0 FR / Rama

Erläuterungen zur Abbildung. Peter Bekes skizziert Faszination und Schrecken des Automaten im 18. Jahrhundert folgendermaßen: »Die Geschichte der Entwicklung und Vorführung von Automaten, von sprechenden, singenden, tanzenden Holzpuppen, ist von Beginn an begleitet von konträren Einstellungen der Menschen, von Faszination und Angst. Am Anfang steht die Faszination, künstliche Menschen bzw. Roboter herstellen zu können, die nicht nur wie Menschen aussehen, sondern deren Eigenschaften und Verhaltensweisen nachahmen, ja sogar übertreffen. Die Vorstellung, dass der Automat den Menschen nicht nur entlastet oder ersetzt, sondern ihm in seinen Leistungsfähigkeiten überlegen ist, war aber auch zugleich eine Quelle der Angst und des Unheimlichen, der Furcht davor, dass man zum Sklaven dessen würde, was man künstlich hervorgebracht hatte. Beiden Haltungen liegt im frühen 18. Jahrhundert die Ausgangshypothese zugrunde, dass zwischen Mensch und Maschine keine qualitative Differenz bestehe, dass beide nach den gleichen mechanischen Prinzipien konstruiert seien. ›Ich täusche mich nicht‹, schrieb der französische Arzt Julien Offray de La Mettrie (1709–1751) in seiner berühmten Abhandlung *Der Mensch als Maschine* (*L'homme machine*) von 1748, ›der Mensch ist eine Uhr‹ [zit. nach: *Der Automaten-Mensch. E. T. A. Hoffmanns Erzählung vom »Sandmann«. Mit Bildern aus Alltag & Wahnsinn*, auseinandergenommen und zusammengesetzt von Lienhard Wawrzyn, Berlin 1976, S. 100]. Wörtlich heißt es später von Olimpia, dass sie – wie eine Uhr – nach dem Tanz immer wieder aufgezogen wird (S. 32).« (Peter Bekes, *Lektüreschlüssel XL. E. T. A. Hoffmann, »Der Sandmann«*, Stuttgart 2018, S. 66 f.).

3.2 Nathanaels Liebe zur Androidin Olimpia

PA / UG

ARBEITSBLATT 3a ➤ S. 25
Lösungshinweise ➤ S. 77
TAFELBILD 3 (Teil 1) ➤ S. 23

Unterrichtsschritt. Mit dem ARBEITSBLATT 3a ***Die Automatenfrau Olimpia – und ihre Wirkung auf Nathanael*** (Lösungshinweise im Anhang) beginnt die systematische Erschließung der zweiten Hälfte der Novelle. Die Vorarbeit der Lerngruppe in Partnerarbeit führt zum Unterrichtsgespräch, dessen Ergebnisse im TAFELBILD 3 (Teil 1) festgehalten werden.

Erläuterungen. Nachdem die Schülerinnen und Schüler anhand der Zitate bzw. ihrer Textkenntnisse geklärt haben, dass Olimpia lediglich über Fähigkeiten mechanischer Art verfügt (u. a. körperliche Vorgänge bis hin zum Tanzen; aber auch das kunstvoll-künstliche Absingen eines Musikprogramms; menschliche Sprache nur in wenigen monotonen Ausdrücken), stellen sie die Defizite der Androidin zusammen: u. a. Fehlen jeglicher kognitiven Leistungen, Fehlen aller Sinneswahrnehmungen, Unfähigkeit zu einer auf Flexibilität beruhenden Interaktion (vgl. mechanisches Tanzen, fehlende Sprache). – Anhand der konkreten Textarbeit in Arbeitsauftrag 2 verfolgt die Lerngruppe, wie die mechanische »Holzpuppe« zur Projektionsfläche des krankhaft narzisstischen Nathanael wird, der sich in seiner Sehnsucht nach vorbehaltloser Anerkennung weigert, sein Weltbild bzw. sich selbst von einem eigenständigen Gegenüber in Frage stellen zu lassen. Er projiziert seine Wünsche, seine Gefühle, sein Sprechen, seine geheimsten Gedanken auf einen Automaten, den er in narzisstischer Selbstbespiegelung zu einer ihn zutiefst verstehenden, ihn anbetenden und ihn leidenschaftlich begehrenden Geliebten verwandelt. Eine Kommunikation (Arbeitsauftrag 3) findet nicht statt, da Nathanael auf dem Ball isoliert bleibt und es sich bei seinem als Dialog getarnten Selbstgespräch nicht um den wechselseitigen Austausch von Informationen handelt.

Anhand ihrer Lösungen erkennen die Schülerinnen und Schüler weiterhin, wie die zentrale Rolle des Sehens bei der Bewusstseinsbildung hier destruiert wird. Diese Zerstörung betrifft die Wahrnehmung bzw. das Erkennen der Außenwelt ebenso wie die Vorstellung, in den Augen könne man seelische Vorgänge und Charakteranlagen erkennen. So entsteht Verunsicherung ausgerechnet durch das Organ, das traditionell am zuverlässigsten Klarheit und Übersicht herstellt. Die Lerngruppe begreift, dass die bereits in der Kindheit angelegte Irritation im Erkennungsvermögen Nathanaels durch Coppolas Perspektiv noch gesteigert wird (Arbeitsauftrag 4). Das optische Gerät, das durch Vergrößerung (Detail) bzw. Verkleinerung (Panorama) Aufklärung schaffen soll, verwandelt die optische Wahrnehmung und damit das auf der Sinneswahrnehmung beruhende Bewusstsein zu einem »Sehen als Entstellen« (Neumann, S. 215). – Spätestens im Unterrichtsgespräch erkennen die Schülerinnen und Schüler diese weitere Vermischung von Bewusstsein und Unbewusstem des Traumatisierten, von zusätzlicher Verwirrung der Wahrnehmung durch das Fernglas Coppolas, des vermeintlichen Coppelius, schließlich von narzisstischer Selbstbespiegelung und Vereinsamung zu einem unentwirrbaren Knäuel, das die Oberfläche seines Erlebens an eine zerstörerische Tiefe bindet (TAFELBILD 3, Teil 1).

TAFELBILD 3 (Teil 1)

Eine ver-rückte Liebe: Nathanael und Olimpia

Nathanael
Abrupte und radikale Veränderung seines Wesens/Weltbilds
(Ursache: Stimulation eines Kindheitstraumas; Ich-Störung)
➡ Auseinandersetzungen mit Clara
——————→ Ortswechsel

Zunehmende Isolierung (einsamer Blick durchs Fenster)
➡ Rückzug auf gestörtes Selbst

Zusätzliche Verwirrung durch das Perspektiv Coppolas
➡ Gestörter Zugang zur Wirklichkeit

Olimpia
als widerstandslose Projektionsfläche seiner inneren
Vorstellungswelt als äußere Realität
mit eingebildeter Bestätigung und Bewunderung
(Narzissmus: Selbstverliebtheit)

DESTRUKTION DES SEHENS

1. Verzerrung durch Perspektiv

2. Verfälschung der Wirklichkeit durch Unbewusstes: Kindheitstrauma, Wunschbilder, Selbstbespiegelung

Leitfragen:

- Klären Sie anhand Ihrer Ergänzungen (ARBEITSBLATT 3a, Arbeitsauftrag 2) die jeweilige Wirkung Olimpias auf Nathanael bzw. seine Projektionen auf die Automatenfrau.
- Welche Auswirkungen hat das Perspektiv auf Nathanaels Wahrnehmung und Verhalten? Stellen Sie einen Zusammenhang zu seiner Selbstisolierung her.
- Definieren Sie den Begriff »narzisstisch« bzw. »Narzissmus«.

3.3 Szenische Interpretation der verr-rückten Liebe

GA / UG

Unterrichtsschritt. Im Darstellenden Spiel (Gruppenarbeit, jeweils zu dritt) vertieft die Lerngruppe die Lernergebnisse aus 3.2 und erarbeitet sich weitere Einsichten in Merkmale des Wahns wie objektive Falschheit der Wahnvorstellungen bei subjektiver Gewissheit, Unzugänglichkeit gegenüber einer Argumentation, Festhalten an der eigenen Vorstellungswelt, auch wenn sie noch so falsch ist. Im auswertenden Unterrichtsgespräch wird das TAFELBILD 3 vervollständigt (Teil 2).

TAFELBILD 3 (Teil 2) ➤ S. 23

TAFELBILD 3 (Teil 2)

Verteidigung seines offensichtlichen Wahns mit elitärer Eitelkeit:
Eigenes »poetisches Gemüt« gegen »kalte prosaische« Durchschnittsmenschen
➡ Unzugänglichkeit N.s gegenüber Argumenten / Rationalität
➡ Kommunikative Isolation
➡ Verlust von Welt
——————→ Entschluss, Olimpia zu heiraten

Erläuterungen. Die Figur Olimpia bzw. die ver-rückte Liebe Nathanaels zu ihr fordern eine szenische Darstellung gerdezu heraus. Erweitert man solche szenischen Darstellungen (Pantomime bzw. Monotonie des »Dialogs«) mit Nathanaels Freund Siegmund als einer weiteren Figur, die diese szenische Darstellung beobachtet und Nathanael von seinem Wahn abzubringen versucht, erhält das szenische Spiel noch deutlicher den Charakter einer Interpretation, die unmittelbar zur entsprechenden Textstelle führt: In der Auseinandersetzung mit seinem Freund verteidigt Nathanael seine von Siegmund als »Holzpuppe« gescholtene Olimpia vehement als eine besonders tiefe Seele, deren Liebe und Erkenntnisvermögen nur von einem »poetischen Gemüt« (34,33 f.) wie ihm selbst erfasst werden könnten. Seine Wahnvorstellungen laufen also einher mit einer eigenen Aufwertung, die ihn über die Durchschnittsmenschen (und damit die von der Romantik verunglimpften prosaischen Philister) erhebt.

Arbeitsauftrag:
- Stellen Sie die monotonen »dialogischen« Situationen zwischen Nathanael und Olimpia (*Sandmann*, Reclam XL, S. 30–33) szenisch dar. Ergänzen Sie diese szenische Darstellung mit Siegmund als zunächst stillem Beobachter, der Nathanael von seiner Verrücktheit abzubringen versucht. Wie reagiert Nathanael? Orientieren Sie sich dabei an S. 34 f.

3.4 Die Sage von Pygmalion (nach Ovid)

UG

ARBEITSBLATT 3b › S. 26

Unterrichtschritt. Nach der Lektüre des ARBEITSBLATT 3b ***Die Sage von Pygmalion*** vergleichen die Schülerinnen und Schüler das Verhalten Nathanaels und Pygmalions in ihren jeweiligen Beziehungen. Im Unterrichtsgespräch werden Parallelen zusammengestellt, so dass die bisherigen Lernergebnisse veranschaulicht und vertieft werden. Zugleich werden Motivtraditionen bis in die Antike zurück deutlich.

Erläuterungen. Ähnlich wie im *Sandmann* wendet sich der Held in Ovids *Metamorphosen* 10 von der Wirklichkeit ab und seinem eigenen, von ihm entworfenen Idealbild einer Frau zu. In beiden Fällen beruht diese Abkehr auf negativen Erfahrungen mit realen Frauen. Im Falle Pygmalions sind es moralische Gründe, die ihn abstoßen. Er wirft ihnen pauschal einen zu lockeren Lebenswandel vor und zieht sich vollkommen aus der Frauenwelt zurück. Sein künstlerischer Gegenentwurf einer Frau erfolgt als Elfenbeinskulptur von idealer Schönheit, in die er sich selbst verliebt. Diese Liebe zu seinem Geschöpf wird aber nicht nur durch Schönheit entflammt, sondern zugleich durch dessen Keuschheit: »Es sieht aus wie ein wirkliches Mädchen! Du möchtest glauben, sie lebe, wolle sich bewegen – nur die Sittsamkeit halte sie zurück« (91,8–10). Ähnlich wie bereits die Schönheit der Figur nicht der Wirklichkeit, sondern einem Ideal von Schönheit entspricht (»eine Gestalt, wie keine Frau auf Erden sie haben kann«, 91,6 f.), entspricht auch ihre Sittsamkeit einem strengen Ideal: Das sinnliche Begehren bleibt von der keuschen Starre der Skulptur gebremst und entsteht nur in der Fantasie des Betrachters. Pygmalion hat sich also in einer narzisstischen Projektion ein weibliches Gegenüber geschaffen, dem er ähnlich verfällt wie Nathanael seiner Olimpia. Auch hier geht der Schaffung einer als ideal imaginierten Frau die Flucht in die Selbstisolierung voraus. Es ist schließlich die Göttin Venus, die Pygmalion von seiner unstillbaren Leidenschaft zum elfenbeinernen Objekt seiner Begierde erlöst und eine Ehe stiftet, auf die man gespannt sein darf.

Leitfragen:
- Klären Sie, welches Bild Nathanael und Pygmalion von realen Frauen haben.
- Vergleichen Sie die Konsequenzen, die die beiden daraus ziehen.

3.5 Der Traum vom künstlichen Menschen (fakultativ)

UG

Unterrichtsschritt. Anhand der Materialien aus dem Anhang zu *Sandmann*, Reclam XL, S. 88 f. (aus: Rudolf Drux, *Der Frankenstein-Komplex*) und 92–96 (*Die Erschaffung des Golem* und »Laboratorium« aus Goethes *Faust II*) informiert sich die Lerngruppe über weitere literarische Texte zu diesem Thema und über die damalige Aktualität des Motivs.

ARBEITSBLATT 3a

Die Automatenfrau Olimpia – und ihre Wirkung auf Nathanael

• »indessen, Clara im Herzen, blieb ihm die steife, starre Olimpia höchst gleichgültig« (27,9 f.)	• *Solange N. Clara liebt, ist ihm O. gleichgültig*
• »Nun erschaute Nathanael erst Olimpias wunderschön geformtes Gesicht.« (28,31 f.)	• *N. nimmt O. zunächst wie immer wahr, aber mit dem Perspektiv tritt alles »rein, scharf und deutlich dicht vor die Augen«*
• »Nur die Augen schienen ihm gar seltsam starr und tot. Doch wie er immer schärfer […] durch das Glas hinschaute, war es, als gingen in Olimpias Augen feuchte Mondesstrahlen auf.« (28,32–35)	• *Wenn er intensiv durch das Glas blickt, wird O.s Sehkraft entzündet: »immer lebendiger […] flammten die Blicke«*
• Er »konnte nicht los von Olimpias verführerischem Anblick« (29,28)	
• »Der etwas seltsam eingebogene Rücken, die wespenartige Dünne des Leibes« (30,35–37)	
• »In Schritt und Stellung hatte sie etwas Abgemessenes und Steifes« (31,1 f.)	
• »spielte den Flügel mit großer Fertigkeit und trug ebenso eine Bravour-Arie mit heller, beinahe schneidender Glasglockenstimme vor« (31,4–6)	
• »Eiskalt war Olimpias Hand« (31,30 f.)	
• »aber an der ganz eignen rhythmischen Festigkeit, womit Olimpia tanzte und die ihn oft ordentlich aus der Haltung brachte« (32,2–4)	
• »sie sah ihm unverrückt ins Auge und seufzte einmal übers andere: ›Ach – Ach – Ach!‹« (32,23–25)	
• »eiskalte Lippen begegneten seinen glühenden […] und in dem Kuss schienen die Lippen zum Leben zu erwarmen.« (33,3–8)	

Arbeitsaufträge:

1. Nennen Sie anhand der Zitate in der linken Spalte (und evtl. weiterer Kenntnisse aus Ihrer Lektüre) die menschlichen Eigenschaften, über die die Androidin Olimpia verfügt und welche ihr offensichtlich fehlen.
2. Ergänzen Sie den jeweiligen Zusammenhang/Kontext der Zitate nach dem Muster der zweiten Spalte und arbeiten Sie so die jeweilige Wirkung Olimpias auf Nathanael bzw. seine Projektionen auf die Automatenfrau heraus.
3. Untersuchen Sie Nathanaels kommunikatives Verhalten auf dem Ball bei Spalanzani.
4. Klären Sie die Wirkung des Perspektivs.

ARBEITSBLATT 3b

Die Sage von Pygmalion

nach Ovid, *Metamorphosen* (um 1–8 n. Chr.)

»Weil Pygmalion sah, wie diese Frauen ihr Leben verbrecherisch zubrachten, blieb er einsam und ehelos, abgestoßen von den Fehlern, mit denen die Natur das Frauenherz so freigebig beschenkt hat, und schon lange teilte kein Weib mehr sein Lager. Inzwischen bearbeitete er mit glücklicher Hand und wundersamer Geschicklichkeit schneeweißes Elfenbein, gab ihm eine Gestalt, wie keine Frau auf Erden sie haben kann, und verliebte sich in sein eigenes Geschöpf. Es sieht aus wie ein wirkliches Mädchen! Du möchtest glauben, sie lebe, wolle sich bewegen – nur die Sittsamkeit halte sie zurück. So vollkommen verbirgt sich im Kunstwerk die Kunst! Pygmalion steht bewundernd davor, und gierig trinkt seine Brust das Feuer in sich hinein, das von dem Scheinbild ausgeht. Oft legt er prüfend die Hände an das Geschöpf, ob es Fleisch und Blut sei oder Elfenbein, und will immer noch nicht wahrhaben, daß es nur Elfenbein ist. Küsse gibt er und glaubt sie erwidert; er redet mit dem Bild, er hält es im Arm. Rührt er es an, so ist ihm, als drückten sich seine Finger in den Körper ein; ja, er fürchtet, an den Gliedern, die er preßt, möchten blaue Male entstehen. Bald schmeichelt er, bald bringt er Gaben, wie sie ein Mädchenherz erfreuen: Muscheln, geschliffene Steinchen, kleine Vögel, Blumen in tausenderlei Farben, Lilien, bunte Bälle und Bernstein, vom Baum getropfte Tränen der Sonnentöchter. Er schmückt ihr die Glieder mit Gewändern, die Finger mit Edelsteinen, den Hals mit langen Ketten. Am Ohr hängt eine zierliche Perle, an der Brust ein Geschmeide. Alles steht ihr, aber auch nackt erscheint sie nicht weniger schön. Er legt sie auf Decken, die mit sidonischem Purpur gefärbt sind, nennt sie seine Gemahlin, die sein Lager teilt, und bettet den geneigten Nacken, als müsse es dieser spüren, auf weichen Flaum.

Der Feiertag der Venus, den ganz Cypern festlich begeht, war gekommen. […] Da trat Pygmalion, nachdem er der heiligen Pflicht genügt hatte, zum Altar und sprach zaghaft: ›Ihr Götter, könnt ihr alles gewähren, so sei meine Gattin‹ – er wagte nicht zu sagen: ›das elfenbeinerne Mädchen‹; darum sprach er nur: dem Mädchen aus Elfenbein ähnlich!‹ Venus, die Goldene, erriet – war sie doch selbst bei ihrem Fest zugegen –, was mit diesem Wunsch gemeint war. […]

Als er nach Hause kam, zog es ihn zu seinem Mädchenbild. Er warf sich auf das Lager und küßte sie. Da war ihm, als sei sie warm. Wieder legt er Mund an Mund und tastet mit der Hand nach der Brust. Er tastet noch, da wird das Elfenbein weich, verliert seine Starrheit, weicht zurück und gibt den Fingern nach, so wie Wachs vom Hymettus an der Sonne geschmeidig wird, sich unter dem Druck des Daumens zu tausenderlei Gestalten formen läßt und in der Hand des Bildners immer bildsamer wird. Pygmalion staunt. Er traut seiner Freude noch nicht und fürchtet, er täusche sich. Wieder und wieder prüft der Liebende mit der Hand sein Wunschbild. Fleisch und Blut ist's; mit dem Daumen prüft er, wie es in den Adern pocht. Da dankt der Held von Paphos der Venus mit Worten, die aus vollstem Herzen strömen, und preßt den Mund endlich auf wirkliche Lippen.

Das Mädchen hat den Kuß empfunden, sie ist errötet! Jetzt hebt sie scheu zu seinem Auge ihr Auge empor – und zugleich mit dem Himmel erblickt sie den Mann, der sie liebt. Der Ehe, die sie gestiftet, steht die Göttin bei. Schon haben sich die Hörner des Mondes neunmal zur vollen Scheibe gerundet, da gebiert sie Paphos, nach der die Insel benannt ist.«

Ovid: Metamorphosen. Lat./Dt. Übers. und hrsg. von Michael von Albrecht. Stuttgart: Reclam, 2010. S. 539–543.

4 Nathanaels psychischen Zusammenbruch differenziert verstehen

Sachanalyse

Auf dem Höhepunkt seines Irrwegs, als Olimpia mit Hilfe des Rings seiner Mutter »sein Eigen immerdar« (36,29) werden soll, zerbricht Nathanaels »Projektionsfläche«[1] im Streit zwischen Spalanzani, der den Mechanismus der Puppe für sich beansprucht, und Coppola, der – das Kindheitserlebnis Nathanaels wiederholend – Anspruch auf ihre Augen erhebt. An dem entsetzten Nathanael vorbei flüchtet Coppola mit der augenlosen Puppe, die mit schlenkernden Gliedern von seiner Schulter herabhängt, und hinterlässt ein völlig demoliertes Laboratorium mit zwei blutigen Augen am Boden. Als der schwer verletzte Spalanzani damit nach Nathanael wirft, »packte ihn der Wahnsinn mit glühenden Krallen und fuhr in sein Inneres hinein Sinn und Gedanken zerreißend« (38,7–9). Nur mühsam kann der Tobsüchtige überwältigt und anschließend in ein »Tollhaus[]« (38,23) gebracht werden. Seinen Zustand der Zersplitterung der Wirklichkeit zu Partikeln aus Erinnertem, Erdichtetem und aktuell Erlebtem hat Hoffmann eindrucksvoll und seiner Zeit weit voraus in den wörtlichen Reden künstlerisch gestaltet: »So verbindet sich die Kampfszene zwischen Coppola und Spalanzani für Nathanael bis in sprachliche Fixierungen hinein mit der Alchimistenszene um Coppelius und seinen Vater sowie mit der von ihm erdichteten Szene zwischen Clara und Coppelius zu einer hochbrisanten Mischung – mit der Folge seiner vollständigen Ich-Zersetzung [...]. Nathanaels Selbst hat mit der Zerstörung Olimpias seinen einzigen Rückhalt verloren; es folgt ein völliger psychischer Zusammenbruch, der sich ›in entsetzlichem tierischen Gebrüll‹ (38) äußert.«[2]

Hoffmann hatte sich schon in seiner Bamberger Zeit mit psychischen Themen beschäftigt. Durch die Bekanntschaft mit zwei Ärzten, einer davon Leiter einer Irrenanstalt, gewann er Einblick in seelische Erkrankungen und lernte deren Symptome, Verläufe und Therapien kennen. Darüber hinaus kannte er damalige Standardwerke der entstehenden Psychiatrie so genau, dass Parallelen zwischen der zeitgenössischen Fachdiskussion und der Gestaltung des Wahnsinns in seinen literarischen Werken eindeutig nachweisbar sind. Diese Anlehnung an die wissenschaftliche Diskussion ging so weit, dass er gelegentlich aus solchen Schriften zitierte, etwa aus Johann Christian Reils *Rhapsodieen über die Anwendung der psychischen Curmethode auf Geisteszerrüttungen* (Halle 1803), und dort dargestellte klinische Fälle in seinen Erzählungen verarbeitete. Auf der Grundlage dieses fundierten Wissens schrieb er später als Kammergerichtsrat Gutachten über die Zurechnungsfähigkeit von Angeklagten.

Während die Aufklärung noch davon ausging, dass die Individualität des Menschen sich in einer vernunftorientierten Interaktion von Denken, Sprechen und Wahrnehmen ausforme, zeigt Hoffmanns *Der Sandmann*, bis zum Wahnsinn gesteigert, den Menschen als Konfliktwesen zwischen Bewusstsein und Unbewusstem, zwischen kindlicher Urszene und aufgeklärter Gegenwart. Ein Jahrhundert später schrieb Siegmund Freud seinen Aufsatz *Das Unheimliche* (1919) über Hoffmanns Novelle. Er erklärte das kindliche Trauma Nathanaels zur Ursache für seinen Narzissmus und deutet Nathanaels Angst, seine Augen zu verlieren, als Kastrationsangst. Das Unheimliche ist nach Freud ein aus dem eigenen Bewusstsein und dem tolerierten Raum der Gesellschaft Verdrängtes, das durch einen zufälligen Anlass erneut ins Bewusstsein getreten ist und nun als eine befremdende Verunsicherung erscheint, obwohl es als das verdrängte Eigene zugleich das »zutiefst und heimlich ›Vertraute‹ ist«.[3]

1 Günter Saße, »›Der Sandmann‹. Kommunikative Isolation und narzisstische Selbstverfallenheit«. in: *Interpretationen. E. T. A. Hoffmann. Romane und Erzählungen*, hrsg. von G. S., Stuttgart 2004, S. 112.

2 Ebd.

3 Gerhard Neumann, »E. T. A. Hoffmann, ›Der Sandmann‹«, in: *Meisterwerke der Literatur*, hrsg. von Reinhard Brandt, Leipzig 2001, S. 192.

Unterrichtsverlauf

Überblick. Zwei Beispiele zur künstlerischen Gestaltung des Themas Wahnsinn bereiten das Stundenthema vor und schärfen die Wahrnehmung der Lerngruppe für die Ausformung des Themas im *Sandmann.* Nathanaels Wahnsinn, der mit der Zerstörung seiner Projektionsfläche Olimpia zu seinem psychischen Zusammenbruch führt, wird inhaltlich und in seiner sprachlich-künstlerischen Gestaltung differenziert untersucht. Mit Definitionen zum Fachbegriff ›Trauma‹ und weiteren Fachbegriffen versuchen die Schülerinnen und Schüler Nathanaels Zustand diagnostisch und terminologisch zu klären. **Verkürzter Verlauf: 4.1 – 4.2 – 4.3**

Phase	Thema	Sozialform	Kompetenzen und Lernziele	Materialien
Voraussetzungen: Kenntnis der gesamten Novelle				
4.1	Künstlerische Gestaltungen des Themas Wahnsinn	UG / LV	• Die künstlerische Gestaltung des Themas Wahnsinn als Problem erkennen	VORLAGE 4a ➤ S. 28 VORLAGE 4b ➤ S. 29 VORLAGE 4c ➤ S. 29
4.2	Nathanaels Zusammenbruch	UG / PA / Kurzreferate	• Die Ursachen des Zusammenbruchs differenziert aufklären und in ihrer besonderen sprachlichen Gestaltung erkennen	ARBEITSBLATT 4a ➤ S. 32 TAFELBILD 4 ➤ S. 30
4.3	Mögliche Diagnose für Nathanael	PA / UG	• Einem Fachlexikon Informationen entnehmen und in die Kontextualisierung literarischer Texte einbeziehen	VORLAGE 4c ➤ S. 29 ARBEITSBLATT 4b ➤ S. 33
4.4 **fakultativ**	Wahnsinn in der Literatur an weiteren Beispielen	EA / UG	• Ursache und Motive literarischer Themen vergleichend zur Texterschließung nutzen	*Sandmann*, Reclam XL, S. 67 f., 70–73

VORLAGE 4a Johann Heinrich Füssli (1741–1825), *Die wahnsinnige Kate*, 1806/07 (Ausschnitt)

VORLAGE 4b

Rainer Maria Rilke, Die Irren (1908)

Und sie schweigen, weil die Scheidewände
weggenommen sind aus ihrem Sinn,
und die Stunden, da man sie verstände,
heben an und gehen hin.

Nächtens oft, wenn sie ans Fenster treten:
plötzlich ist es alles gut.
Ihre Hände liegen im Konkreten,
und das Herz ist hoch und könnte beten,
und die Augen schauen ausgeruht

auf den unverhofften, oftentstellten
Garten im beruhigten Geviert,
der im Widerschein der fremden Welten
weiterwächst und niemals sich verliert.

Rainer Maria Rilke: Gedichte. Ausw. und Nachw. von Dietrich Bode. Stuttgart: Reclam, 1997 [u.ö.]. S. 143 f.

VORLAGE 4c

Meyers Konversationslexikon: »Wahnsinn« (1888)

»**Wahnsinn** (Ekstasis), im gewöhnlichen Sprachgebrauch allgemeine Bezeichnung der Seelenstörungen überhaupt, im beschränkten Sinn derjenige Exaltationszustand [Erregungszustand] der geistigen Tätigkeit, dessen Wesen in einer krankhaft gesteigerten Einbildungskraft mit den daraus hervorgehenden ausschweifenden Wahnvorstellungen besteht.«

Meyers Konversationslexikon. Leipzig/Wien: Verlag des Bibliographischen Instituts, ^{4}1885–92. Bd. 16. S. 331.

4.1 Künstlerische Gestaltungen des Themas Wahnsinn

UG / LV

VORLAGE 4a ➤ S. 28

VORLAGE 4b ➤ S. 29

VORLAGE 4c ➤ S. 29

Unterrichtsschritt. Die Gestaltung des Themas Wahnsinn in der darstellenden Kunst führt zum Stundenthema. Das Problem der künstlerischen Darstellung wird anhand von Füsslis Gemälde (VORLAGE 4a) und Rilkes Gedicht *Die Irren* (VORLAGE 4b, auch in *Sandmann*, Reclam XL, S. 73) erläutert und schärft die Wahrnehmung für die besondere Gestaltung des Themas durch E. T. A. Hoffmann. Die Definition des Begriffs in VORLAGE 4c ist für sich allein zu undifferenziert, um die unterschiedlichen Erscheinungsformen zu erfassen, die in der Novelle bis zur Raserei/Tobsucht reichen.

Erläuterungen. Der schweizerisch-englische Maler Füssli gestaltet die Verstörung vor allem durch einen Gesichtsausdruck von panischer Angst, ausgedrückt durch die weit aufgerissenen, hervorquellenden Augen. Das schmale Gesicht Kates mit dem kleinen Mund und den dünnen Lippen verschwindet fast unter dem Hut, dessen breite Krempe unter dem Kinn mit einem Tuch zusammengebunden ist, als wollte sich ihr verirrtes Ich vor der unverstandenen Welt verstecken. Diese innere Verwirrung, diese Auflösung der Wirklichkeit im Chaos der Wahrnehmung wird zudem sichtbar gemacht an der stürmischen Bewegung in der Außenwelt. Haare, Tuch und Umhang flattern im Sturm, so dass die junge Frau wie gehetzt, wie eine Flüchtende erscheint, die nur einen überraschten Moment lang Augenkontakt mit einem rätselhaften, unbegreiflichen Gegenüber hat.

Rilke verwendet durchgehend Personal- oder Possessivpronomina in der 3. Person Plural zur Bezeichnung einer Personengruppe, deren Zustand lediglich im Titel des Gedichts direkt benannt wird. Das Gedicht verweist auf kein Einzelschicksal, sondern auf eine anonym bleibende Anzahl von Insassen in einem Irrenhaus. Die Perspektive ist die eines stillen Beobachters, der die psychiatrische Klinik für mindestens einen Tag besuchen konnte (vgl. »Stunden«; »Nächtens«). Mit dem hier behaupteten gleichförmigen Verhalten der Patienten wird ihnen jegliche Individualität abgesprochen. Der Verzicht auf das Einzelschicksal bedeutet zugleich Verzicht auf die individuelle Krankheitsgeschichte und damit auch auf die Ursachen für die Entstehung der Krankheit. Als Begründung für den pathologischen Zustand der Kranken bzw. ihr behauptetes konformes »Schweigen« wird ein Fehlen der »Scheidewände« in ihrem Bewusstsein angenommen. Die Patienten verfügen also nicht über die notwendige Trennschärfe zwischen Wirklichkeit und Einbildung, auch fehlen ihnen Kategorien zur Erfassung der Wirklichkeit. Daher können sie sich nur gelegentlich und zu schwankenden Zeitpunkten einem als »man« bezeichneten Gegenüber verständlich machen. Da der Titel des Gedichts und der dargestellte Zustand der Patienten das Pathologische beschreibt, steht das unpersönliche »man« offenbar für das Normale und betont so die Ausgrenzung der Patienten aus der Welt des Normalen. – Auch die zweite und dritte Strophe werden beherrscht von Bildern einer Gleichförmigkeit im Handeln und Empfinden der Patienten, was möglichweise auf sedierende Medikamente (»im beruhigten Geviert«) zurückzuführen ist. Auch wenn die Art der Wahrnehmung des »beruhigten« Innenhofs schwankend (»oftentstellten«) ist, wächst er in dieser reduzierten Welt der Patienten immer weiter und verdrängt so die unbegreifliche (»fremden«) wirkliche Welt immer mehr. Deren ohnehin nur noch als »Widerschein«, also als vage Ahnung wahrgenommene Existenz wird schließlich erlöschen und einer Endgültigkeit der kleinen Ersatzwelt dieses Gartens weichen.

4.2 Nathanaels Zusammenbruch

UG / PA / Kurzreferate

ARBEITSBLATT 4a ➤ S. 32
TAFELBILD 4 ➤ S. 30

Unterrichtsschritt. Die gemeinsame Lektüre des *Sandmann*, Reclam XL, 36,19–38,23 bereitet das Unterrichtsgespräch über die im Text erkennbaren Symptome und Ursachen der Raserei Nathanaels vor. In einer zweiten Phase erarbeiten sich die Schülerinnen und Schüler anhand ausgewählter Textausschnitte (ARBEITSBLATT 4a ***Die Eskalation des Wahnsinns in einem Tobsuchtsanfall***) in Partnerarbeit Kurzreferate als Basis für ein vertiefendes Unterrichtsgespräch, dessen Ergebnisse im TAFELBILD 4 festgehalten werden.

Erläuterungen. Hoffmann erklärt die Raserei Nathanaels im Hause Spalanzanis aus einem schlüssigen Zusammenhang zu Nathanaels Traumaschema und seinem zum Wahn gesteigerten Narzissmus. Zugleich wird hier das Thema Wahnsinn sprachlich-künstlerisch so bewältigt, dass die verborgene wissenschaftlich-rationale Erklärung mit und hinter den dichterischen Formen und der Charakterdarstellung immer greifbarer wird, ohne diese zu dominieren.

TAFELBILD 4

Nathanaels psychischer Zusammenbruch

Streit Spalanzani/Coppola = Stimulation einer traumatischen Reaktion
durch akustische und optische Reize

↓

Wahnvorstellungen durch Traumatisierung und krankhaft gesteigerten Narzissmus

↓ ↓

Zerstörung seiner Projektionsfläche Olimpia = Zersplitterung des Bewusstseins/Wirklichkeitsverlust

↓ ↓ ↓

Ausbruch des Wahnsinns in Raserei

Hoffmann zeigt durch Nathanaels verstümmelte Sprache, wie sich sein Bewusstsein auflöst. Sprachfetzen aus Unbewusstem, selbst Erdichtetem, Fantasievorstellungen und entstellt wahrgenommener Realwelt machen die inneren Vorgänge ganz unmittelbar sichtbar. Auf diese Weise gelingt ihm eine überaus moderne sprachlich-künstlerische Darstellung von aktuellen Erkenntnissen der damals jungen Psychiatrie.

Bereits die wenigen Worte, die Nathanael auf dem Weg zu seinem Heiratsantrag aus dem Studierzimmer Spalanzanis hört, müssten eine Stimulation seines Traumaschemas und damit einen erneuten Schub seines Traumas auslösen: »[...] ich, ich hab die Augen gemacht – ich das Räderwerk – dummer Teufel mit deinem Räderwerk – [...] Satan – halt – Puppendreher – teuflischer Bestie! [...]« (37,5–9). Weil ihn der heftige Wortwechsel zwischen dem Professor und Coppola mit Reizwörtern wie »Ich habe die Augen gemacht«, »Teufel«, Satan« »teuflischer Bestie« an die Alchimistenszene erinnert, stürzt Nathanael in »namenloser Angst« (37,12) in das völlig demolierte Laboratorium, dessen Eindrücke er nicht mehr erträgt. Letzter Auslöser seines Zusammenbruchs ist das mit Spalanzanis Blut verschmierte Augenpaar, das dieser ihm gegen die Brust wirft, was Nathanaels schaurige Vision aus seinem eigenen Gedicht zu Wirklichkeit werden lässt. Vielleicht erkennen die Schülerinnen und Schüler bereits hier an dem Verwirrspiel der Namen Coppola/Coppelius (vgl. dazu 5. Stunde, S. 34 in diesem Heft), wie die Vergangenheit die aktuelle Wirklichkeit zu überrollen beginnt.

Seine eigene Identität »zersplittert angesichts der zerstörten Puppe in eine Fülle von erinnerungsgeprägten Wahrnehmungspartikeln, die sich nicht mehr zu einem zusammenhängenden Bild der Wirklichkeit fügen« (Saße, S. 113). Diese Überlagerung und Zersetzung des unmittelbar Erlebten mit den Abgründen des Unbewussten, seine Ich-Zersetzung also, wird greifbar an den Partikeln aus Erinnertem, selbst Erdichtetem und aktuell Erlebtem in den wörtlichen Reden, die der Lerngruppe mit Auszügen aus dem Dialog Spalanzani/Coppola auf dem ARBEITSBLATT 4a präsentiert werden. Festzuhalten sind hier vor allem der Begriff »Feuerkreis«, der an Nathanaels Gedicht erinnert; der Begriff »Holzpüppchen«, der seine aktuelle visuelle Wahrnehmung und das Gespräch mit Siegmund (»Holzpuppe«, S. 34,5) durcheinanderbringt; und schließlich die Aufforderung »dreh dich«, die den Begriff »Puppendreher« aus dem soeben belauschten Streit zwischen Coppola und Spalanzani aufgreift und mit Nathanaels Tanz mit Olimpia auf dem Ball vermischt.

Der Erzähler unterstreicht mit dem Begriff »toderbleichtes Wachsgesicht« (37,30) die perspektivische Wahrnehmung der Vorgänge durch Nathanael, zumal der Begriff ›toderbleicht‹ als neologistisches Kompositum aus Nomen und Partizip die Holzpuppe vermenschlicht, während der Begriff ›Wachsgesicht‹ (vgl. die Verwendung des Begriffs durch Siegmund 34,4) den gegenständlichen Charakter als Puppe bezeichnet. Diese Ambivalenz des Bildes als Paradoxon entspricht den unterschiedlichen Wahrnehmungen und damit erneut dem Handlungsverlauf bzw. dem Thema der Novelle.

4.3 Mögliche Diagnose für Nathanael

Unterrichtsschritt. Nach ersten Deutungshypothesen der Lerngruppe zum Zustand Nathanaels und evtl. einer Anknüpfung an die Definition des Begriffs ›Wahnsinn‹ aus 4.1 – VORLAGE 4c ***Meyers Konversationslexikon: »Wahnsinn« (1888)*** – oder der Vorgabe von gängigen Kriterien (objektive Falschheit der Wahnvorstellungen bei subjektiver Gewissheit, Unzugänglichkeit gegenüber einer Argumentation und damit unverrückbares Festhalten an der eigenen Vorstellungswelt, auch wenn sie von außen betrachtet eindeutig falsch ist) sollen die Schülerinnen und Schüler in Partnerarbeit versuchen, eine moderne, an der Fachwissenschaft orientierte psychiatrische Diagnose zu formulieren. Die Beschäftigung mit Schlüsselbegriffen aus der Psychotraumatologie (ARBEITSBLATT 4b ***Nathanaels Tod aus Sicht der modernen Psychotraumatologie***, auch in: *Sandmann*, Reclam XL, S. 65–67) zeigt ihnen zugleich, dass Hoffmann in der inhaltlichen und sprachlichen Darstellung einer psychischen Erkrankung seiner Zeit weit voraus war.

PA / UG

VORLAGE 4c
➤ S. 29

ARBEITSBLATT 4b
➤ S. 33

4.4 Wahnsinn in der Literatur an weiteren Beispielen (fakultativ)

Unterrichtsschritt. Die Lerngruppe verfolgt anhand weiterer Texte aus dem Anhang zu *Sandmann*, Reclam XL, S. 67 f. (Ausschnitt aus E. T. A. Hoffmanns *Serapions-Brüder*) und S. 70–73 (Ausschnitte aus Kleists *Penthesilea* und Büchners *Lenz*) die jeweilige literarische Gestaltung des Themas Wahnsinn.

EA / UG

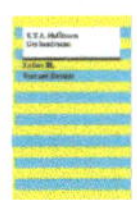

ARBEITSBLATT 4a

Die Eskalation des Wahnsinns in einem Tobsuchtsanfall

Akustische Wahrnehmungen Nathanaels aus dem Streit Spalanzanis mit Coppola u. a.:

> »[…] ich, ich hab die Augen gemacht – ich das Räderwerk – dummer Teufel mit deinem Räderwerk […] – Satan – halt – Puppendreher – teuflischer Bestie! […]« (37,5–9)

Optische Wahrnehmungen Nathanaels u. a.:

> »[N]ur zu deutlich hatte er gesehen, Olimpias toderbleichtes Wachsgesicht hatte keine Augen, statt ihrer schwarze Höhlen; sie war eine leblose Puppe.« (37,29–31)

> »Nun sah Nathanael, wie ein Paar blutige Augen auf dem Boden liegend ihn anstarrten, die ergriff Spalanzani mit der unverletzten Hand und warf sie nach ihm, dass sie seine Brust trafen.« (38,4–9)

> »Da packte ihn der Wahnsinn mit glühenden Krallen und fuhr in sein Inneres hinein Sinn und Gedanken zerreißend. ›Hui – hui – hui! – *Feuerkreis – Feuerkreis!* dreh dich *Feuerkreis* – lustig – lustig! – Holzpüppchen hui schön Holzpüppchen dreh dich –‹« (38,7–11)

Arbeitsaufträge:

Zeigen Sie, wie E.T.A. Hoffmann den hier zur Tobsucht eskalierenden Wahnsinn Nathanaels begründet und sprachlich darstellt. Bereiten Sie dazu anhand folgender drei Fragen ein Kurzreferat vor.

1. Welche akustischen (Streit Spalanzani – Coppola) und optischen (Spalanzanis Studierzimmer) Wahrnehmungen lösen bei Nathanael Erinnerungen an seine traumatischen Kindheitserlebnisse aus?
2. Zeigen Sie anhand der einzelnen Wortfetzen in Nathanaels »tierische[m] Gebrüll«, dass sich sein Bewusstsein aufzulösen beginnt. Klären Sie dabei die ursprüngliche Herkunft der einzelnen Begriffe.

*3. Der Erzähler verwendet bei der Beschreibung der demolierten Puppe den Begriff »toderbleichtes Wachsgesicht«. Stellen Sie die Assoziationen zusammen, die das Bild beim Leser auslöst, und klären Sie die Perspektive der Wahrnehmung.

2019 Reclam Verlag / Max Kämper

ARBEITSBLATT 4b

Nathanaels Tod aus Sicht der modernen Psychotraumatologie

1. Fischer/Riedesser, *Lehrbuch der Psychotraumatologie*: »Trauma« (2009)

»**Trauma, Definition der traumatischen Erfahrung.** Psychische Traumatisierung lässt sich definieren als vitales Diskrepanzerlebnis zwischen bedrohlichen Situationsfaktoren und den individuellen Bewältigungsmöglichkeiten, das mit Gefühlen von Hilflosigkeit und schutzloser Preisgabe einhergeht und so eine dauerhafte Erschütterung von Selbst- und Weltverständnis bewirkt. [...]

Traumatische Reaktion. Charakteristisch für die tR [traumatische Reaktion] ist der biphasische Wechsel zwischen Intrusion (wiederkehrende Erinnerungsbilder, ›flash-backs‹) und emotionaler Dumpfheit (psychic numbing, emotionale Anästhesie) [...].

Die wiederkehrenden Erinnerungsbilder haben für die Betroffenen oft den Charakter einer unmittelbaren Wiederholung der traumatischen Situation [...]. So kann zwischen Gegenwart und Vergangenheit nicht mehr unterschieden werden. Die ›flash-backs‹ bestehen aus zusammenhanglosen (dekontextualisierten) Sinnesfragmenten. [...]

Unbewusst. Im Sinne der kognitiven Psychologie eine Form der außerbewussten Informationsverarbeitung, die bis zu 90 % der jeweils mental verarbeiteten Informationsmenge umfasst. Dynamisch unbewusst im Sinne der Psychoanalyse sind außerbewusste Informationsverarbeitungsprozesse, die aus psychologisch nachvollziehbaren Motiven vom Bewusstwerden ferngehalten werden, gleichwohl unter Umgehung des Bewusstseins Handlungs- bzw. Erlebniswirksamkeit entfalten [...].

Wiederholungszwang. Resultiert aus drei Motiven. Im Sinne der ›control-mastery-Theorie‹ und des sog. ›Zeigarnik-Effekts‹ entspricht er der Tendenz zur Vollendung einer unterbrochenen Handlung (Vollendungstendenz, aktive Wiederholung). Die passive Wiederholung wird gesteuert durch implizite (im Unterschied zu expliziter) Erinnerung an die traumatische Situation. Die traumatischen Situationsfaktoren werden nicht als solche erkannt, gefährliche und ungefährliche Stimuli werden nicht unterschieden, so dass die Person ungeschützt einer Retraumatisierung ausgesetzt ist.«

Gottfried Fischer / Peter Riedesser: Lehrbuch der Psychotraumatologie.
4., aktual. und erw. Aufl. München/Basel: Reinhardt, 2009. S. 395 ff.

2. **Narzisstische Persönlichkeitsstörung:** überzogene Selbstbezogenheit, die in der Regel auf mangelndem Selbstwertgefühl und daraus resultierender Überempfindlichkeit gegenüber Kritik basiert. Mit Selbstbewunderung, übersteigerter Eitelkeit und großspurig dargestelltem Selbstbewusstsein versuchen Betroffene ihr geringes Selbstbewusstsein zu kompensieren. Ein krankhafter Narzissmus ist zu unterscheiden von einem normalen, allgegenwärtigen Narzissmus, der zur Durchsetzung von Eigeninteressen als notwendig gilt. Der internationale Diagnoseschlüssel ICD 10 nennt für das Vorliegen einer narzisstischen Persönlichkeitsstörung u. a. folgende Merkmale:

- Übersteigertes Gefühl von der eigenen Großartigkeit und Bedeutung;
- Fantasien über unentwegten Erfolg, unbegrenzte Macht, ideale Liebe u. a.;
- Überzeugung von der eigenen Besonderheit und fester Glaube daran, nur von ebenso außergewöhnlichen Menschen verstanden zu werden;
- Bedürfnis nach übermäßiger Bewunderung;
- Mangel an Empathie und damit Unvermögen, Gefühle und Wünsche anderer anzuerkennen;
- Neid auf andere, verbunden mit der Neigung, die Leistungen anderer zu destruieren.

Arbeitsauftrag:

Erstellen Sie anhand dieser Informationen eine Ferndiagnose für Nathanael, die sein Verhalten zu erklären versucht.

2019 Reclam Verlag / Max Kämper

5 Den *Sandmann* als »Nachtstück« einordnen

Sachanalyse

Mit den *Nachtstücken*, einer Sammlung von acht Erzählungen in zwei Bänden (1816/17), griff Hoffmann Elemente des Schauerromans auf, eines literarischen Genres, das seit 1764 (Horace Walpole, *Das Schloss von Otranto*) als Gothic Novel eine Blüte erlebte. Die Entstehung dieser äußerst erfolgreichen Gattung resultierte aus dem Bedürfnis des Lesepublikums nach »literarischer Angst«, nachdem die Aufklärung mit ihren rationalen Erklärungen die Welt entzaubert zu haben schien: »Damit waren theoretisch, wie alle Geheimnisse und Wunder, auch die Gespenster aus dem Leben vertrieben. [...] Die durch die Aufklärung [...] vertriebene Angst sucht eine Zuflucht und findet sie in der Literatur.«[1] Das Unheimliche, Übernatürliche, Dämonische fesselte und ängstigte die Leserinnen und Leser gleichzeitig, wohl auch, weil das Unheimliche in der realen Welt zwar vom Verstand entschlüsselt war, das Gefühl aber unbefriedigt blieb und nach dem Schaurigen oder Wunderbaren verlangte, von dem es sich trotz aller Aufklärung noch nicht gelöst hatte. Gerade weil im englischen Schauerroman, ähnlich dem Detektivroman, zum Schluss jedes Geheimnis aufgeklärt und dadurch die »vernünftige« Ordnung der Welt wiederhergestellt wurde, konnte sich der Leser genüsslich dem Nervenkitzel des Schaurigen hingeben.

Auch in E.T.A. Hoffmanns Erzählung *Der Sandmann* bricht Unheimliches in die geordnete Welt des Bürgertums ein. Aber schnell wird klar, dass er das Unheimlich-Bedrohliche keineswegs nur als vordergründigen Nervenkitzel verwendet, sondern es psychologisiert, um daran unheimliche Vorgänge des Seelischen bis hin zum Pathologischen erfahrbar zu machen – typisch für die »Schwarze Romantik«, als deren bedeutender Vertreter Hoffmann gilt. Bereits der einleitende Brief Nathanaels belegt in seiner personalen Ich-Perspektive die Gefährdung des Briefeschreibers, dessen gegenwärtiger Standpunkt von der dominierenden Erinnerung an Vergangenes überrollt wird, die schließlich jede rationale Bewertung des erwachsenen, gegenwärtigen Nathanael ausschließt, so dass sich mit der Vergegenwärtigung der kindlichen Angstfantasien die Tür ins Irrationale öffnet.

Das Nebeneinander von Erkennen und Verkennen der Wirklichkeit, von Bewusstsein und Unbewusstem, von Kontrolle über die Mächte des Unbewussten und den unkontrollierten Ausbrüchen des Urtraumas bis hin zum Wahnsinn gestaltet Hoffmann mit einer modernen Erzähltechnik, die dem Leser niemals die Sicherheit einer zuverlässigen Selbstorientierung gewährt und ihn am Ende der Novelle verunsichert und verstört zurücklässt. Selbst Szenen, in denen angesichts der äußeren Handlung Eindeutigkeit gesichert sein müsste, etwa hinsichtlich der Identität des Coppelius/Coppola, entziehen sich einer eindeutigen Festlegung: »Es waren Spalanzanis und des grässlichen *Coppelius* Stimmen, die so durcheinander schwirrten und tobten. Hinein stürzte Nathanael von namenloser Angst ergriffen. Der Professor hatte eine weibliche Figur bei den Schultern gepackt, der Italiener *Coppola* bei den Füßen, die zerrten und zogen sie hin und her, streitend in voller Wut um den Besitz [...]. Spalanzani [...] raffte seine Kräfte zusammen. – ›Ihm nach – ihm nach, was zauderst du? *Coppelius – Coppelius*, mein bestes Automat hat er mir geraubt – Zwanzig Jahre daran gearbeitet – Leib und Leben daran gesetzt – das Räderwerk – Sprache – Gang – mein – die Augen – *die Augen dir gestohlen* [...]‹« (37,9–38,2; Hervorhebungen M.K.). Dieses Verwirrspiel der perspektivischen Wahrnehmungen, diese moderne Multiperspektivität, die bereits mit der Präsentation dreier Briefe zu Beginn der Novelle einsetzt und mit dem Wechsel des Erzählverhaltens oft mitten im Satz gesteigert wird, dazu die Unzuverlässigkeit der Erzählerfigur, schließlich das Trauma, das in den Wahnsinnsattacken als entstellte Rede an die Oberfläche dringt – »[s]o ist es E.T.A. Hoffmann, der, vielleicht als erster in der Geschichte der Literatur, den Erzählschock der Moderne auch ›strategisch‹ in Szene setzt: als den Verlust der Erzählerautorität sowohl für das Faktische wie für das Fiktionale. Es ist allein der Irrsinn, dem, gewissermaßen im ›weißen Rauschen‹ der Erzählstimme, die Autorität für den Text noch zukommt. [...] Ausgelöst wird dieser Erzählschock durch die Krise [...] des bürgerlichen Subjekts, dessen prätendierte Bildung aus der Familie erwächst: ihrer Doppelwelt von Geborgenheit und Traumatisierung.«[2]

1 Richard Alewyn, »Die literarische Angst«, in: *Aspekte der Angst*, hrsg. von Hoimar von Ditfurth, München ²1977, S. 51.

2 Gerhard Neumann, »E.T.A. Hoffmann, ›Der Sandmann‹«, in: *Meisterwerke der Literatur*, hrsg. von Reinhard Brandt, Leipzig 2001, S. 209.

Unterrichtsverlauf

Überblick. Die fehlende Eindeutigkeit der Erklärungen für Nathanaels letzten und tödlichen Anfall von Wahnsinn leitet eine Partnerarbeit ein, die einige der Erklärungsmöglichkeiten konkretisiert. Im weiteren Unterrichtsverlauf begreift die Lerngruppe Hoffmanns Strategien der Verunsicherung (Schauereffekte – fakultativ –, Multiperspektivität) als literarischen Versuch, den Menschen anhand eines pathologischen Falls als Geflecht von Bewusstem und Unbewusstem zu zeigen und die Eindeutigkeit eines der Aufklärung verpflichteten Wirklichkeitsbegriffs in Frage zu stellen. **Verkürzter Verlauf: 5.1 – 5.2 – 5.4**

Phase	Thema	Sozialform	Kompetenzen und Lernziele	Materialien
Voraussetzungen: Kenntnis der gesamten Novelle				
5.1	Fehlende Eindeutigkeit im Schluss der Novelle	UG	• Motivationale und volitionale Bereitschaft zur Problemlösung anstoßen	*Sandmann*, Reclam XL, S. 40–42
5.2	Klärungsversuche für den Ausgang der Handlung 1. *Der Sandmann* im Kontext der frühen Psychopathologie 2. Nathanaels Tod aus Sicht der modernen Psychotraumatologie 3. Nathanaels Tod als Folge der Wirkungskräfte unheimlicher Mächte	PA (arbeitsteilige Gruppen) / UG	1. Kenntnisse wissenschaftlicher Sekundärliteratur einbeziehen 2. Einem Fachlexikon Informationen entnehmen und in die Kontextualisierung literarischer Texte einbeziehen 3. Einzelne Einheiten des Textes neu bewerten und entsprechende Sinnzusammenhänge herstellen	ARBEITSBLATT 5a ➤ S. 41 TAFELBILD 5 (Teil 1) ➤ S. 37
5.3 **fakultativ**	Elemente des Unheimlichen in E. T. A. Hoffmanns *Der Sandmann*	PA / UG	• Sinnzusammenhänge zwischen einzelnen Einheiten des Textes herstellen und in ihrer Bedeutung erfassen • Voraussetzungen zur Epochenzuordnung entdecken	ARBEITSBLATT 5b ➤ S. 43 TAFELBILD 5 (Teil 2) ➤ S. 37
5.4	Die Rolle des Erzählers	UG / LV / PA	• Grundwissen zur Erzähltechnik wiederholen, erweitern und anwenden	VORLAGE 5a ➤ S. 38 VORLAGE 5b ➤ S. 39 ARBEITSBLATT 5c ➤ S. 45 TAFELBILD 5 (Teil 3) ➤ S. 40
HA	Gestaltung der Multiperspektivität als Collage bzw. als Darstellung mit den Mitteln der modernen Medien	EA	• Textverständnis durch kreative Umsetzung in andere mediale Formen vertiefen	ARBEITSBLATT 5d ➤ S. 46

5.1 Fehlende Eindeutigkeit im Schluss der Novelle

Unterrichtsschritt. Der gemeinsame erste Versuch (Unterrichtsgespräch), die äußere bzw. innere Handlung im Schluss der Erzählung (*Sandmann*, Reclam XL, S. 40–42) eindeutig zu klären, muss angesichts der Verwicklung von Krankheitsgeschichte und auch hier verwendeten Elementen der Schauerliteratur scheitern. Die Vorgänge, die zur Mittagsstunde am Marktplatz des Städtchens S. zu Nathanaels Tod führen, entziehen sich einer vom Leser am Ende einer Erzählung in der Regel erwarteten schlüssigen Aufklärung. UG

5.2 Klärungsversuche für den Ausgang der Handlung

PA / UG

ARBEITSBLATT 5a
➤ S. 41
TAFELBILD 5
(Teil 1)
➤ S. 37

Unterrichtsschritt. Die Verweigerung dieser Eindeutigkeit erweist sich als reizvolle Ausgangssituation für methodische Variation: Der anschließend als Partnerarbeit in arbeitsteiligen Gruppen (mit Binnendifferenzierung) vorgeschlagene Weg stellt der Lerngruppe Materialien/Anregungen zu hypothetischen Deutungsansätzen zur Verfügung (ARBEITSBLATT 5a »***Der Sandmann« – ein »Nachtstück«***), deren Ergebnisse im TAFELBILD 5 (Teil 1) festgehalten und im weiteren Unterrichtsverlauf erweitert und vertieft werden.

Erläuterungen zum ARBEITSBLATT 5a.

1. Zur Partnerarbeit Gruppe 1: *»Der Sandmann« im Kontext der frühen Psychopathologie* (um 1800). Die Teilnehmer der Gruppe informieren vor allem darüber, dass Hoffmann seiner Figur Nathanael Züge eines Menschen verleiht, dem nach damaliger Ansicht der Wahnsinn droht. Hoffmann kannte als damals neuesten Stand der Wissenschaft neben Philippe Pinels *Philosophisch-medizinische Abhandlung über Geistesverwirrungen der Manie* (Wien 1801) vor allem die *Rhapsodieen über die Anwendung der psychischen Curmethode auf Geisteszerrüttungen* von Johann Christian Reil (1803). Die Anhäufung der Merkmale eines drohenden Wahnsinns besonders im zweiten Teil (Olimpia-Handlung) entindividualisiert seine Figur zugunsten des Grundsätzlichen eines psychiatrischen Falls, macht dadurch aber die Kumulation der pathologischen Veranlagung im Ausbruch des Wahnsinns besonders deutlich. Demgemäß bewerten die Schülerinnen und Schüler Nathanaels Tod als tragisches Ende einer Krankheitsgeschichte. (*) Sie erkennen darüber hinaus, dass Hoffmann in der Olimpia-Handlung die Krankheitsgeschichte noch zusätzlich mit der Problematik des übersensiblen romantischen Künstlers verknüpft.

2. Zur Partnerarbeit Gruppe 2: *Nathanaels Tod aus Sicht der modernen Psychotraumatologie.* Auch die Schülerinnen und Schüler dieser Gruppe interpretieren Nathanaels Tod als tragisches Ende einer Krankheitsgeschichte. Mit ihren Kenntnissen aus der Vorstunde und den Materialien zum Fachbegriff ›Trauma‹ entschlüsseln sie die einzelnen Faktoren der Retraumatisierung, die Nathanael mit dem offenbar unbeabsichtigt auf Clara gerichteten Perspektiv verursacht (vgl. auch *Sandmann*, Reclam XL, S. 52, Anm. zu 41,11 f.): Der Blick durch dasselbe Spektrum, mit dem er Olimpia betrachtet hatte, löst – vielleicht wegen der analogen Vergrößerung bzw. Nähe der Verlobten – Flash-backs in ihm aus. Vor solchen traumatischen Situationsfaktoren hatten ihn seine Freunde in bemerkenswerter Klarsicht bewahren wollen »aus Besorgnis, tief verletzende Erinnerungen möchten ihm zu hell und flammend aufgehen« (40,30 f.). Den Ausführungen in Fischer/Riedesser (2009) zufolge können gefährliche Stimuli jedoch nicht eindeutig bestimmt werden, so dass der Traumatisierte ungeschützt einem Wiederholungszwang ausgesetzt ist. Mit seinen Flash-backs, ausgelöst durch die Zerstörung Olimpias (»Holzpüppchen dreh dich«), zersplittert Nathanaels Bewusstsein erneut in die Wahrnehmungspartikeln aus den Abgründen des Unbewussten – auch damals die Begleiterscheinung seines Zusammenbruchs. Das zeigen bereits die wenigen Sprachfetzen wie »Feuerkreis dreh dich« bzw. »sköne Oke«, die ursprünglich seiner eigenen Dichtung bzw. seiner Begegnung (und aktuellen Verwechslung) mit Coppola entstammen. Die gleichzeitige emotionale Betäubung drückt sich u. a. in seiner Aggression gegenüber Clara, schließlich gegen sich selbst aus. – Der Lerngruppe muss das Unvollständig-Laienhafte der eigenen Erklärung dieser Symptomatik Nathanaels klar sein, zumal eine solche »Ferndiagnose« einer literarischen Figur lediglich auf Auszügen aus einem Lexikon zur Psychotraumatologie beruht.

3. Zur Partnerarbeit Gruppe 3: *Nathanaels Tod als Folge der Wirkungskräfte unheimlicher Mächte.* Die Schülerinnen und Schüler erarbeiten sich eine alternative Deutung der Erzählung. Die überraschende Anwesenheit des Coppelius am Ort des Geschehens verändert die Eindeutigkeit der wissenschaftlichen Diagnose als Erklärung für Nathanaels Tod. Zunächst hatte Clara einen »sonderbaren kleinen grauen Busch« (41,8) wahrgenommen, der offenbar zielgerichtet und rasch in Richtung Turm und damit »auf uns los zu schreiten scheint« (41,9). Dieser hier bereits vermenschlichte (»schreiten«) Busch löst mit dem Griff Nathanaels zum Fernglas eine tragische Kettenreaktion aus – tragisch vor allem wegen der Unausweichlichkeit der folgenden Abläufe als traumatische Reaktion bzw. Wiederholungszwang. Diese Unausweichlichkeit knüpft mit der Präsenz des Coppelius und seiner Prognose, Nathanael »kommt schon herunter von selbst« (42,10 f.), an die unheilvolle Verkettung aller Ereignisse und schließlich an Nathanaels düsteres Weltbild an, wonach er das Opfer einer dunklen Macht sei, das seinen Untergang betreibe. Seine Angstfantasien scheinen sich also bewahrheitet zu haben, zumal die Anwesenheit von Coppelius ausdrücklich vom Erzähler bestätigt wird: »ragte riesengroß der Advokat Coppelius hervor, der eben in die Stadt gekommen« (42,6 f.). Ebenso wird dessen Identität mit dem grauen Busch durch die Formulierung »und gerades Weges nach dem Markt geschritten war« (42,7 f.) nahegelegt. (Allerdings legt das Adjektiv »riesengroß« die subjektive Wahrnehmung Nathanaels aus kindlicher Perspektive nahe – eine Differenzierung, die jedoch allenfalls nach Unterrichtsschritt 5.4 vorgenommen werden sollte). Nathanael wiederum scheint Coppelius als

Coppola zu identifizieren, wie an seinen letzten Worten zu erkennen ist: »Ha! Sköne Oke – Sköne Oke« (42,14). Der Schluss knüpft daher erneut an den Bereich des Unheimlichen an, der bereits in der Exposition mit dem ersten Brief Nathanaels Brief eröffnet wurde. Jetzt sind es jedoch ausgerechnet die Wahrnehmungen der vernunftorientierten Clara (»Sieh doch den sonderbaren kleinen grauen Busch«, 41,8) und des Erzählers, die den Leser dazu einladen, sich nicht einseitig auf eine rationale Erklärung für Nathanael und sein Verhalten festzulegen, sondern ebenso irrationale Erklärungen aus der Welt des Unheimlichen in Betracht zu ziehen.

Die Suche nach weiteren Elementen des Unwirklichen in der Erzählung (Rolle des Coppelius damals und heute; Hausbrand in Nathanaels früherem Wohnsitz als wesentliches Glied in der Kettenreaktion der Ereignisse; Nathanaels Unfähigkeit, spätestens nach dem Rausch des Festes nicht den Betrug mit der Automatenfrau zu erkennen; die Wirkung des Fernglases, durch das Nathanael das betrachtete Objekt nicht erkennt, sondern verkennt usw.) bereitet bereits den fakultativen Lernschritt 5.3 vor.

TAFELBILD 5 (Teil 1)

***Der Sandmann* als Teil der *Nachtstücke* (1816/17)**

- Keine eindeutige Klärung der Ursachen von Nathanaels Tod
- Nebeneinander von rationalen Erklärungsmöglichkeiten als Krankheitsgeschichte und übernatürlichen Geschehnissen
- Gleichzeitigkeit von Aufklärung und zum Wahnsinn gesteigertem Aberglauben

➡ »SCHWARZE ROMANTIK«

5.3 Elemente des Unheimlichen in E. T. A. Hoffmanns *Der Sandmann* (fakultativ)

Unterrichtsschritt. Mit dem ARBEITSBLATT 5b ***Horrormotive und Schauereffekte in E. T. A. Hoffmanns »Der Sandmann«*** (Lösungshinweise im Anhang) erarbeiten sich die Schülerinnen und Schüler in Partnerarbeit eine anschauliche Grundlage für das Unterrichtsgespräch, das die Informationen zur Verunsicherung des Helden, aber auch der Irritation des Lesers zum weiteren Tafelbild zusammenführt.

PA / UG

ARBEITSBLATT 5b ➤ S. 43
Lösungshinweise ➤ S. 78
TAFELBILD 5 (Teil 2) ➤ S. 37

TAFELBILD 5 (Teil 2, fakultativ)

***Der Sandmann* als Teil der *Nachtstücke* (1816/17)**

[…]

- Elemente des Unheimlichen/Übernatürlichen und ihre Wirkung auf Nathanael
  - Verunsicherung, Angst, Panik, Verstörung
  - Auflösung der festen, vertrauten Welt
  - Zweifel an der eigenen Identität: Ich-Auflösung
  - Mensch als willenloses Opfer fremder Kräfte

5.4 Die Rolle des Erzählers

Unterrichtsschritt. Anhand einer Veranschaulichung mittels der VORLAGE 5a ***Auktoriale und personale Erzählsituation*** wiederholt die Lerngruppe gemeinsam mit der Lehrkraft (Lehrervortrag) Fachbegriffe und damit Grundwissen zur Erzähltechnik, hier insbesondere zur auktorialen bzw. personalen Erzählsituation. Im Anschluss daran vertiefen und differenzieren die Schülerinnen und Schüler diese Kenntnisse anhand geeigneter Textstellen. Die ersten Texte (VORLAGE 5b ***Die Rolle des Erzählers***) müssen detailliert im Unterrichtsgespräch markiert und geklärt werden, bevor die Lerngruppe in Partnerarbeit weitere Textstellen (ARBEITSBLATT 5c ***Die Rolle des Erzählers***) eigenständig untersucht (Textlupe).

UG / LV / PA

VORLAGE 5a ➤ S. 38
VORLAGE 5b ➤ S. 39
ARBEITSBLATT 5c ➤ S. 45
TAFELBILD 5 (Teil 3) ➤ S. 40

VORLAGE 5a

Auktoriale und personale Erzählsituation

(auch: »Erzählverhalten«)

Auktorialer Erzähler:

- Position außerhalb des Geschehens
- Außenperspektive
- Allwissenheit mit entsprechendem Überblick
- Kommentare, Bewertungen

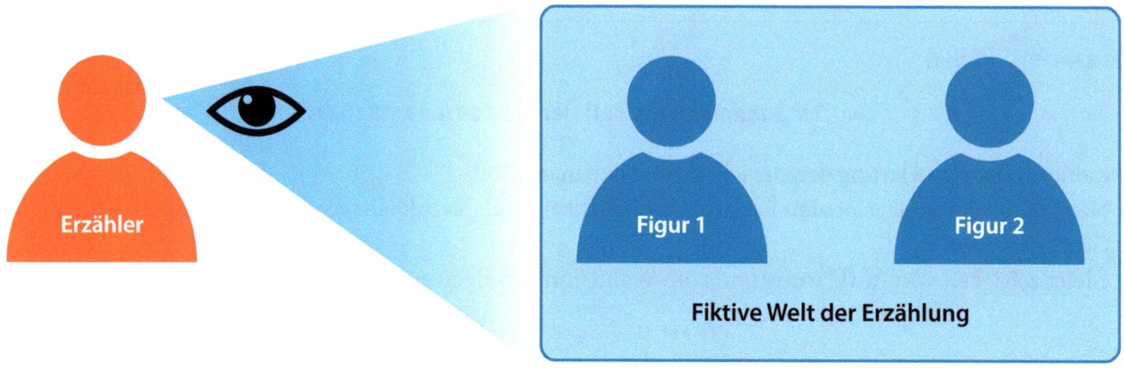

Personaler Erzähler:

- Aus der Sicht einer oder mehrerer Figuren, zumeist unter Vermeidung eines Ich-Erzählers
- Erzählte Wirklichkeit entsteht durch Wahrnehmungen, Gefühle, Gedanken der Figur; dadurch große Nähe zur Erzählfigur mit entsprechender Suggestivkraft für den Leser;
- Seit dem 20. Jahrhundert Unmittelbarkeit des Erlebten gesteigert durch Mittel wie erlebte Rede und inneren Monolog

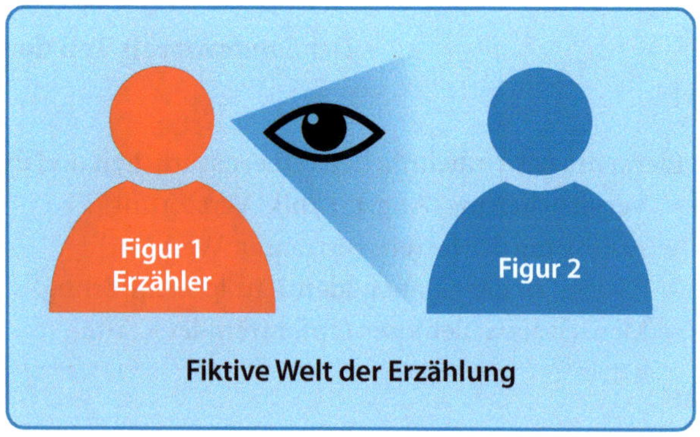

Erzähltechnik – weitere Fachbegriffe:

- **Erzählerstandort:** räumlich-zeitliches Verhältnis zwischen Erzähler und Erzähltem (Nähe/Distanz)
- **Erzählperspektive:** Nähe zu den Figuren, Außensicht, Innensicht
- **Erzählhaltung**: Einstellung des Erzählers zum Geschehen / zu den Figuren: zustimmend, ablehnend, neutral, kritisch, ironisch, schwankend usw.

VORLAGE 5b

Die Rolle des Erzählers

1.1 »Es war dem so. Clara hatte die lebenskräftige Fantasie des heitern unbefangenen, kindischen Kindes, ein tiefes weibliches Gemüt, einen gar hellen scharf sichtenden Verstand.« (20,31–34)
1.2 »Sonst hatte er [Nathanael] eine besondere Stärke in anmutigen, lebendigen Erzählungen, die er aufschrieb, und die Clara mit dem innigsten Vergnügen anhörte, jetzt waren seine Dichtungen düster, unverständlich, gestaltlos, sodass, wenn Clara schonend es auch nicht sagte, er doch wohl fühlte, wie wenig sie davon angesprochen wurde. Nichts war für Clara tötender, als das Langweilige; in Blick und Rede sprach sie dann ihre nicht zu besiegende geistige Schläfrigkeit aus.« (22,32–23,3)

2. »Noch im Leben war ihm kein Glas [hier: Fernglas] vorgekommen, das die Gegenstände so rein, scharf und deutlich dicht vor die Augen rückte. Unwillkürlich sah er hinein in Spalanzanis Zimmer; Olimpia saß, wie gewöhnlich, vor dem kleinen Tisch, die Ärme daraufgelegt, die Hände gefaltet. – Nun erschaute Nathanael erst Olimpias wunderschön geformtes Gesicht. Nur die Augen schienen ihm gar seltsam starr und tot. Doch wie er immer schärfer und schärfer durch das Glas hinschaute, war es, als gingen in Olimpias Augen feuchte Mondesstrahlen auf. Es schien, als wenn nun erst die Sehkraft entzündet würde; immer lebendiger und lebendiger flammten die Blicke. Nathanael lag wie festgezaubert im Fenster, immer fort und fort die himmlisch-schöne Olimpia betrachtend.« (28,26–29,2)

Erläuterungen zur VORLAGE 5b. Die zur Anschauung gewählten **Texte 1.1 und 1.2** zeigen eine Erzählsituation, in der ein auktorialer Erzähler seine persönliche Meinung zum Charakter Claras bzw. zu den Dichtungen Nathanaels und Claras Reaktion hierauf mit zahlreichen Adjektiven zum Ausdruck bringt. Der letzte Satz in 1.2 jedoch steht mit dem negativen Urteil des Erzählers über Claras geistige Fähigkeiten (»in Blick und Rede sprach sie dann ihre nicht zu besiegende geistige Schläfrigkeit aus«) im klaren Widerspruch zu seiner Charakterisierung der Verlobten im Textabschnitt 1.1, wo er sie als junge Frau mit »eine[m] gar hellen scharf sichtenden Verstand« (20,33 f.) beschreibt. Zudem konnte sich der Leser anhand ihrer scharfsinnigen Analyse im Brief an Nathanael selbst ein Bild machen von ihren intellektuellen Fähigkeiten. – Mit solchen eklatanten Widersprüchen erweist sich der auktoriale Erzähler als unzuverlässige Instanz. Eventuell gibt er hier in einem Standort- bzw. Perspektivwechsel die Gedanken Nathanaels wieder, der Clara ja wenig später als »Du lebloses […] Automat« (25,3 f.) beschimpft. Der auktoriale Erzähler, der traditionell Überblick und Objektivität herstellt, erweist sich also keineswegs als zuverlässige Erzählinstanz.

Der **Text 2** dieser Vorlage bietet in wenigen Sätzen weitere Gelegenheit, eine Erzählsituation in ihren Nuancen zu differenzieren. Für den einleitenden Satz »Noch im Leben war ihm kein Glas vorgekommen […]« lässt sich je nach angenommenem Standort und daraus resultierender Perspektive ein personaler Erzähler vertreten, hinter dessen Erstaunen über die Schärfe des Fernglases bisherige Lebenserfahrung steht – oder ein auktorialer Erzähler, der in seiner Allwissenheit einen Überblick über Nathanaels bisheriges Leben auch in solchen Dingen besitzt. Der anschließende Satz »Unwillkürlich sah er hinein in Spalanzanis Zimmer« lädt zu dem gemeinsamen Blick von Erzähler und Nathanael durch das Perspektiv Coppolas ein. Das Bild, das sich ihnen bietet, ist trotz der Schärfe des Glases offenbar so wenig sensationell, dass es der Erzähler mit einem »wie gewöhnlich« abtut: »Olimpia saß, wie gewöhnlich, vor dem kleinen Tisch, die Ärme daraufgelegt, die Hände gefaltet« (28,29–31). Der folgende Gedankenstrich markiert eine inhaltliche Zäsur: Nicht nur die Art der Wahrnehmung Nathanaels verändert sich, sondern ebenso die Haltung des Erzählers: »Nun erschaute Nathanael erst Olimpias wunderschön geformtes Gesicht« (28,31 f.). Indem der Erzähler diese überraschende Veränderung im Aussehen des Objekts nur dem Blick Nathanaels zuschreibt, trennt er sich von der zuvor noch gleichen Wahrnehmung im gemeinsamen Blick auf das rätselhafte Wesen im Haus gegenüber. In den folgenden Sätzen wird dieser beginnende Prozess der (Selbst-)Täuschung Nathanaels, der »immer schärfer und schärfer durch das Glas hinschaute« (28,33 f.), genauestens festgehalten. Dabei versetzt sich der Erzähler einfühlsam in die Perspektive des Protagonisten, schaut also ebenfalls durch dessen Fernrohr und kann so dessen Sicht wiedergeben. Zugleich unterstreicht der Erzähler jedoch mit sprachlichen Mitteln (Wortwahl, Modus, Vergleich, irrealer Vergleichssatz) seine eigene Distanz zu diesen optischen Eindrücken und betont so den nur subjektiven Charakter der Wahrnehmungen: »war es, als gingen«; »Es schien, als wenn«, »wie festgezaubert« (28,34–29,1). Lediglich der Satz »immer lebendiger und lebendiger flammten die Blicke« (28,36 f.) scheint kommentarlos die Wahrnehmung Nathanaels wiederzugeben – verriete hier nicht das Verb »flammte« einen skeptischen Erzähler, der die Gefahr einer auflodernden Liebe und damit heillosen Verstrickung seines Protagonisten bereits unmittelbar zuvor als höchst brisant (»entzündet«) eingeschätzt hatte. Im letzten Satz dieser Textvorlage verdienen die Begriffe »wie verzaubert« und vor allem »die himmlisch-schöne Olimpia« weitere Aufmerksamkeit, zumal die Distanzierung des Erzählers vor allem im zweiten Fall bereits zur Ironie gesteigert wird.

Die Lernenden werden mit diesem Verfahren (Textlupe) sensibilisiert für das eigenständige Aufspüren des changierenden Erzählverhaltens. Sie begreifen die Wechsel als Strategie eines romantischen Erzählens, das bewusst auf Eindeutigkeit verzichtet. Die Wirklichkeitserfassung unterliegt subjektiven Veränderungen und Trübungen, was den Glauben an einen eindeutigen Realitätsbegriff untergräbt.

TAFELBILD 5 (Teil 3)

***Der Sandmann* als Teil der *Nachtstücke* (1816/17)**

[...]

- Unzuverlässigkeit des Erzählers, Multiperspektivität als moderne Erzähltechnik
  - Nebeneinander von Erkennen und Verkennen der Wirklichkeit
  - Mensch im Spannungszustand zwischen Bewusstsein und Unbewusstem
  - Fehlende Eindeutigkeit der Wirklichkeitserfassung
  - Nebeneinander unterschiedlicher Weltsichten

ARBEITSBLATT 5d ➤ S. 46

Hausaufgabe

Gestaltung der Uneindeutigkeit und Multiperspektivität im *Sandmann* als Collage bzw. als Darstellung mit den Mitteln der modernen Medien.

Erläuterungen zum ARBEITSBLATT 5d. Die Schülercollage setzt das Sprachbild Hoffmanns »als griffe eine schwarze Faust in ihr Leben und risse irgendeine Freude heraus« (23,17 f.) unmittelbar um und visualisiert so die Innensicht Nathanaels in einem Deutungszusammenhang zur gesamten Erzählung.

Ursprünglich entstanden als Collage innerhalb einer Reihe von Referaten, in denen die Schülerinnen und Schüler – als Retrospektive vor dem Abitur – alle Lektüren der Oberstufe in knapper Form referierten und in Collagen visualisierten, kann der Entwurf hier zunächst eine erneute Zusammenfassung von Merkmalen des Unheimlichen anstoßen. Zugleich dient die Präsentation der Collage als Anregung für die langfristige Hausaufgabe, in der die Schülerinnen und Schüler die Uneindeutigkeit und Multiperspektivität des Textes in einer eigenen Collage, besser noch: in einer entsprechenden Gestaltung mit den Mitteln der modernen Medien umzusetzen versuchen.

Der Sandmann – ein *Nachtstück*

Gruppe 1: *Der Sandmann* im Kontext der frühen Psychopathologie (um 1800)

Arbeitsauftrag:
Informieren Sie den Kurs darüber, wie E. T. A. Hoffmann die Erkenntnisse der frühen Psychiatrie in der Figur Nathanael umsetzt.

Materialien:
Unter den Schriften über Geisteszerrüttungen, die Hoffmann gut kannte, sind für den *Sandmann* die Werke von Philippe Pinel (Paris 1801) und Johann Christian Reil (Halle 1803) wichtig.

»Zwischen Hoffmanns Gestaltung des Wahnsinns in seiner literarischen Krankengeschichte und den Standardwerken der entstehenden Psychopathologie bestehen weitreichende Parallelen, vor allem bei den Dispositionsbedingungen und den Symptomen des Wahnsinns. Sie sind ein eindrucksvolles Zeugnis für Hoffmanns gute Kenntnis der zeitgenössischen Fachdiskussion.

Die psychologische Glaubwürdigkeit einer Krankengeschichte, die in Raserei und Mordversuchen endet – auch hier Parallelen zu Reil – allein hätte so vieler Parallelen nicht bedurft. Hoffmann hat in den Merkmalen seines ›Helden‹ die Züge dessen, dem nach zeitgenössischer Ansicht der Wahnsinn droht, überdeutlich angehäuft. Dieser ›Dispositionsüberschuß‹ gibt seiner Figur typisierende Züge.

Hoffmann schwächt die individualisierenden Züge der Figur – vor allem in der zweiten Hälfte der Erzählung – ab und verstärkt ihre Merkmale als Typ. Die Figur Nathanael ist so angelegt, daß sie sich deutlich von ihren Mitmenschen abhebt und prädestiniert scheint zu Wahrnehmungen, die nach Reil und Pinel Vorstufen des Wahnsinns sind. Auch die Mediziner haben einen quantitativen Begriff von Wahnsinn: Erst ein großes Übermaß innerer Erregung bzw. die Kumulation einzelner Symptome läßt den Wahnsinn ausbrechen. Weil Nathanael ständig an der Grenze zum Wahnsinn steht, ohne diese zunächst zu überschreiten, eignet sein Fall sich besonders gut als Grundlage für eine lebhafte Diskussion darüber, wie seine Wahrnehmungen einzuordnen seien. [...] Außerdem erweitert auch die Olimpia-Handlung die Krankengeschichte. Hoffmann nähert Nathanael jenem problematischen – im ›*Sandmann*‹ ironisierten – Typ des übersensiblen jungen romantischen Künstlers an, dessen erotische und künstlerische Selbstfindung das Thema der Künstlergeschichten der Romantik ist [...].«

Ulrich Hohoff: E. T. A. Hoffmann: Der Sandmann. Textkritik, Edition, Kommentar. Berlin / New York: de Gruyter, 1988. S. 313 f.

Gruppe 2: Nathanaels Tod aus Sicht der modernen Psychotraumatologie

Arbeitsauftrag:
Versuchen Sie, für Nathanaels Verhalten auf dem Rathausturm eine moderne rationale Begründung zu finden. Orientieren Sie sich dabei erneut (vgl. ARBEITSBLATT 5b) an den Auszügen aus Fischer/Riedesser, *Lehrbuch der Psychotraumatologie*: »Trauma« (2009). Berücksichtigen Sie v. a. den Begriff »Traumatische Reaktion«.

Materialien:
»**Trauma, Definition der traumatischen Erfahrung.** Psychische Traumatisierung lässt sich definieren als vitales Diskrepanzerlebnis zwischen bedrohlichen Situationsfaktoren und den individuellen Bewältigungsmöglichkeiten, das mit Gefühlen von Hilflosigkeit und schutzloser Preisgabe einhergeht und so eine dauerhafte Erschütterung von Selbst- und Weltverständnis bewirkt. [...]

Traumatische Reaktion. Charakteristisch für die tR [traumatische Reaktion] ist der biphasische Wechsel

2019 Reclam Verlag / Max Kämper

zwischen Intrusion (wiederkehrende Erinnerungsbilder, ›flash-backs‹) und emotionaler Dumpfheit (psychic numbing, emotionale Anästhesie) […].

Die wiederkehrenden Erinnerungsbilder haben für die Betroffenen oft den Charakter einer unmittelbaren Wiederholung der traumatischen Situation […]. So kann zwischen Gegenwart und Vergangenheit nicht mehr unterschieden werden. Die ›flash-backs‹ bestehen aus zusammenhanglosen (dekontextualisierten) Sinnesfragmenten. […]

Unbewusst. Im Sinne der kognitiven Psychologie eine Form der außerbewussten Informationsverarbeitung, die bis zu 90 % der jeweils mental verarbeiteten Informationsmenge umfasst. Dynamisch unbewusst im Sinne der Psychoanalyse sind außerbewusste Informationsverarbeitungsprozesse, die aus psychologisch nachvollziehbaren Motiven vom Bewusstwerden ferngehalten werden, gleichwohl unter Umgehung des Bewusstseins Handlungs- bzw. Erlebniswirksamkeit entfalten […].

Wiederholungszwang. Resultiert aus drei Motiven. Im Sinne der ›control-mastery-Theorie‹ und des sog. ›Zeigarnik-Effekts‹ entspricht er der Tendenz zur Vollendung einer unterbrochenen Handlung (Vollendungstendenz, aktive Wiederholung). Die passive Wiederholung wird gesteuert durch implizite (im Unterschied zu expliziter) Erinnerung an die traumatische Situation. Die traumatischen Situationsfaktoren werden nicht als solche erkannt, gefährliche und ungefährliche Stimuli werden nicht unterschieden, so dass die Person ungeschützt einer Retraumatisierung ausgesetzt ist.«

Gottfried Fischer / Peter Riedesser: Lehrbuch der Psychotraumatologie. 4., aktual. und erw. Aufl. München/Basel: Reinhardt, 2009. S. 395 ff.

Gruppe 3: Nathanaels Tod als Folge der Wirkungskräfte unheimlicher Mächte

Arbeitsaufträge:

1. Erarbeiten Sie unter Berücksichtigung der Definitionen zu »Schauerroman« bzw. »Schwarze Romantik« eine Erklärung für den Tod Nathanaels, die den Elementen des Unheimlichen bzw. Fantastischen im Schlussteil der Erzählung gerecht wird.
2. Belegen Sie Ihre Interpretation der Ursachen für Nathanaels Tod mit weiteren Elementen des Fantastischen bzw. der »Schauerliteratur«, die diese Erzählung enthält.

Materialien:

»**Schauerroman**: Genre der Spätaufklärung, das die Erregung von Angst und Grauen durch wiederholte Begegnungen mit dem (vermeintlich) Übernatürlichen anstrebt. […] Er ist aufklärerischem Denken verpflichtet. Denn er nimmt das fiktional dargestellte Übernatürliche (›wunderbare‹ Vorkommnisse, Geistererscheinungen und dergleichen) nicht […] als fraglos geltende Wirklichkeit hin, sondern gestaltet es immer – wie allgemein die *Phantastische Literatur* – als unerwarteten Einbruch in eine als erklärbar eingeschätzte Wirklichkeit. Das Übernatürliche interessiert dabei nicht als solches, sondern vorrangig in seiner Wirkung auf die Psyche der dargestellten Figuren wie der Leser […].«

Jürgen Viering: Artikel ›Schauerroman‹. In: Reallexikon der deutschen Literaturwissenschaft. Neubearb. Hrsg. von Jan-Dirk Müller [u. a.]. Bd. III: P–Z. Berlin / New York: de Gruyter, 2003. S. 365 f.

»**Schwarze Romantik**, Bezeichnung für eine Strömung der europäischen Romantik, deren Themen v. a. der ›Nachtseite‹ der menschlichen Natur entstammen: Ängste, Träume, Wahnvorstellungen, Doppelgängermotive, Todessehnsucht, Vampirismus, Satanismus, Nekrophilie usw. Der bedeutendste dt. Vertreter der schwarzen Romantik ist E. T. A. Hoffmann […].«

Volker Meid: Sachwörterbuch zur deutschen Literatur. Stuttgart: Reclam, 1999. S. 474.

© 2019 Reclam Verlag / Max Kämper

Horrormotive und Schauereffekte in E.T.A. Hoffmanns *Der Sandmann*

Textauszüge:

1. »[S]o wie es abends die Treppe heraufpolterte, zitterte ich vor Angst und Entsetzen.« (5,21–23) ....
2. »Denke dir einen großen breitschultrigen Mann mit einem unförmlich dicken Kopf, erdgelbem Gesicht, buschigten grauen Augenbrauen, unter denen ein paar grünliche Katzenaugen stechend hervorfunkeln, großer, starker über die Oberlippe gezogener Nase. Das schiefe Maul verzieht sich oft zum hämischen Lachen […]. [V]or allem waren uns Kindern seine großen knotigten, haarigten Fäuste zuwider«. (7,21–8,2) ....
3. »[W]ie sich nun mein alter Vater zum Feuer herabbückte, da sah er ganz anders aus. Ein grässlicher krampfhafter Schmerz schien seine sanften ehrlichen Züge zum hässlichen widerwärtigen Teufelsbilde verzogen zu haben. Er sah dem Coppelius ähnlich.« (9,12–17) ....
4. »Vor dem dampfenden Herde auf dem Boden lag mein Vater tot mit schwarz verbranntem grässlich verzerrtem Gesicht«. (11,27–29) ....
5. »Coppelius fasst ihn [Nathanael] und wirft ihn in einen flammenden Feuerkreis, der sich dreht mit der Schnelligkeit des Sturmes und ihn sausend und brausend fortreißt.« (23,22–25) ....
6. »Tausend Augen blickten und zuckten krampfhaft und starrten auf zum Nathanael; aber er konnte nicht wegschauen von dem Tisch, und immer mehr Brillen legte Coppola hin, und immer wilder und wilder sprangen flammende Blicke durcheinander und schossen ihre blutrote Strahlen in Nathanaels Brust.« (27,36–28,5) ....
7. »Nur die Augen schienen ihm gar seltsam starr und tot. Doch wie er immer schärfer und schärfer durch das Glas hinschaute, war es, als gingen in Olimpias Augen feuchte Mondesstrahlen auf.« (28,32–35) ....
8. »Ach du mein hoher, herrlicher Liebesstern, bist du mir denn nur aufgegangen, um gleich wieder zu verschwinden, und mich zu lassen in finstrer hoffnungsloser Nacht?« (30,6–8) ....
9. »Eiskalt war Olimpias Hand, er fühlte sich durchbebt von grausigem Todesfrost«. (31,30–32) ....
10. »[E]r starrte Olimpia ins Auge, das strahlte ihm voll Liebe und Sehnsucht entgegen«. (31,32 f.) ....
11. »[E]r neigte sich zu ihrem Munde, eiskalte Lippen begegneten seinen glühenden!« (33,2–4) ....
12. »Der Professor Spalanzani schritt langsam durch den leeren Saal, seine Schritte klangen hohl wider und seine Figur, von flackernden Schlagschatten umspielt, hatte ein grauliches gespenstisches Ansehen.« (33,9–12) ....
13. »Er suchte nach dem Ringe […], um ihn Olimpia als Symbol seiner Hingebung, seines mit ihr aufkeimenden blühenden Lebens darzureichen […]. Schon auf der Treppe, auf dem Flur, vernahm er ein wunderliches Getöse […], dazwischen Flüche und Verwünschungen.« (36,30–37,3) ....
14. »Nun warf Coppola die Figur über die Schulter und rannte mit fürchterlich gellendem Gelächter rasch fort die Treppe herab, sodass die hässlich herabhängenden Füße der Figur auf den Stufen hölzern klapperten und dröhnten. […] Olimpias toderbleichtes Wachsgesicht hatte keine Augen, statt ihrer schwarze Höhlen«. (37,24–31) ....
15. »Da standen die beiden Liebenden Arm in Arm auf der höchsten Galerie des Turmes und schauten hinein in die duftigen Waldungen, hinter denen das blaue Gebirge, wie eine Riesenstadt, sich erhob. ›Sieh doch den sonderbaren kleinen grauen Busch, der ordentlich auf uns los zu schreiten scheint‹, frug Clara.« (41,4–9) ....

2019 Reclam Verlag / Max Kämper

Typische Horrormotive bzw. Schauereffekte (Auswahl):

a. Zwielicht
b. Todessymptom als Prophezeiung
c. Verlust von Sicherheit
d. Auflösung der festen, vertrauten Welt
e. Spiel mit magischen Zeiten
f. Verunsicherung durch fehlende Verlässlichkeit des Augensinns und anderer Sinnesorgane
g. Wesen der Nacht
h. Gang von außen nach innen, von unten nach oben als Bedrohung
i. Anblick des Todes (als Mahnung an die eigene Verletzlichkeit)
j. Bedrohliche Geräusche (Donnern, Krachen, Dröhnen)
k. Abweichung von gewohnten Gesichts- und Körperproportionen als Fremdes, Bedrohliches
l. Herausgerissene Teile als Destruktion eines Ganzen
m. Abrupter Wechsel von Glück/Ruhe/Idylle in Bedrohung/Gefahr
n. Vorstellungen von Amputation
o. Spiel mit dem Trügerischen
p. Irritation über die Identität eines geliebten Wesens
q. Mensch als willenloses Opfer fremder Kräfte
r. Stufen als Schneise des Unheils in die heile Welt (der Familie)
s. Panik erzeugende Annäherung eines fremden Subjekts

Nach Thomas Koebner: E. T. A. Hoffmann, »Der Sandmann«. In: Interpretationen. Erzählungen und Novellen des 19. Jahrhunderts. Bd. 1. Stuttgart: Reclam, 1988. S. 257–305.

Thomas Koebner, »E. T. A. Hoffmann, ›Der Sandmann‹«:

»Die Irritation über die Identität eines begegnenden Wesens – sei es lebendig oder tot, Mensch oder Maschine, Unhold oder Mitmensch – kann eine Irritation über die eigene Identität erzeugen. Das Erlebnis der Verwechslung von Mensch und menschenähnlicher Figur ist grausig, weil es das eigene Ich-Bewußtsein auszuhöhlen vermag: Das ›Selbst‹ kann einem fremd werden […]. Nathanael hat durch seine Projektion einen Teil seines Lebens in die tote Figur der Olimpia hineinverlegt – sozusagen wie in einen Fetisch. In dem Moment, in dem die Aura der Geliebten für ihn zerstört wird und die mechanische Puppe zum Vorschein kommt, verliert er – nicht nur übertragen gesprochen – seinen Stand. Die feste Welt löst sich in unzuverlässige Gestalten auf. Nirgendwo ist Sicherheit. Nathanaels Wahnsinn ist entsprechend durch heftige Turbulenzen gekennzeichnet. Schon am Gedicht beeindruckt die Intensität körperlicher Empfindungen, die für Nathanael mit seiner schrecklichen Ekstase verbunden sind: der Feuerkreis, der ihn herumschleudert, der Aufruhr von Wind und Wasser, verdeutlicht am Bild eines Sturms auf dem Meer. Das stabile Element, die Erde, fehlt in der Beschreibung des inneren Zustands eines Rasenden. Im Wirbel mitgerissen zu werden, reduziert den Menschen zu einem Gegenstand, macht ihn zur Puppe, die willenlos fremden Kräften ausgeliefert ist.«

Thomas Koebner: E. T. A. Hoffmann, »Der Sandmann«. In: Interpretationen. Erzählungen und Novellen des 19. Jahrhunderts. Bd. 1. Stuttgart: Reclam, 1988. S. 303 f.

Arbeitsaufträge:

1. Ordnen Sie den Textauszügen 1–15 passende Horrormotive bzw. Schauereffekte aus der Liste a–s zu. Beachten Sie mögliche Mehrfachzuweisungen.

*2. Lesen Sie den Textauszug aus der angegebenen wissenschaftlichen Sekundärliteratur von Thomas Koebner und fassen Sie die Kernaussagen in maximal zwei Sätzen zusammen.

2019 Reclam Verlag / Max Kämper

Die Rolle des Erzählers

»Recht hatte aber Nathanael doch, als er seinem Freunde schrieb, dass des widerwärtigen Wetterglashändlers Coppola Gestalt recht feindlich in sein Leben getreten sei.« (21,18–21)

»Tausend Augen blickten und zuckten krampfhaft und starrten auf zum Nathanael; aber er konnte nicht wegschauen von dem Tisch, und immer mehr Brillen legte Coppola hin, und immer wilder und wilder sprangen flammende Blicke durcheinander und schossen ihre blutrote Strahlen in Nathanaels Brust.« (27,36–28,5)

»Olimpias Gestalt schwebte vor ihm her in den Lüften und trat aus dem Gebüsch, und guckte ihn an mit großen strahlenden Augen, aus dem hellen Bach.« (30,1–3)

»Aber auch noch nie hatte er eine solche herrliche Zuhörerin gehabt. Sie stickte und strickte nicht, sie sah nicht durchs Fenster, sie fütterte keinen Vogel, sie spielte mit keinem Schoßhündchen, mit keiner Lieblingskatze [...] Kurz! – Stundenlang sah sie mit starrem Blick unverwandt dem Geliebten ins Auge, ohne sich zu rücken und zu bewegen und immer glühender, immer lebendiger wurde dieser Blick.« (35,26–35)

»Es waren Spalanzanis und des grässlichen Coppelius Stimmen, die so durcheinander schwirrten und tobten. Hinein stürzte Nathanael von namenloser Angst ergriffen. Der Professor hatte eine weibliche Figur bei den Schultern gepackt, der Italiener Coppola bei den Füßen, die zerrten und zogen sie hin und her, streitend in voller Wut um den Besitz. [...] Spalanzani wälzte sich auf der Erde, Glasscherben hatten ihm Kopf, Brust und Arm zerschnitten, wie aus Springquellen strömte das Blut empor. Aber er raffte seine Kräfte zusammen. – ›Ihm nach – ihm nach, was zauderst du? Coppelius – Coppelius, mein bestes Automat hat er mir geraubt – Zwanzig Jahre daran gearbeitet – Leib und Leben daran gesetzt – das Räderwerk – Sprache – Gang – mein – die Augen – die Augen dir gestohlen – Verdammter – Verfluchter – ihm nach [...]! –‹« (37,9–38,3)

Arbeitsaufträge:

1. Untersuchen Sie die Auszüge aus der Erzählung *Der Sandmann* nach der jeweils vorliegenden Erzählsituation bzw. deren eventuellen Veränderungen.
2. Formulieren Sie Ihre Erkenntnisse über den Erzähler und sein Erzählverhalten in einer zusammenfassenden Aussage.

2019 Reclam Verlag / Max Kämper

ARBEITSBLATT 5d

Ausschnitt aus einer Collage zu einem Schülerreferat (Leopold Geßele)

Hausaufgabe:
Gestalten Sie die Uneindeutigkeit und Multiperspektivität im *Sandmann* als Collage (mindestens DIN A2-Format) bzw. als Darstellung mit den Mitteln der modernen Medien. Die oben abgebildete Collage kann als Anregung dienen.

2019 Reclam Verlag / Max Kämper

6 Die kritische Darstellung des Bürgertums erkennen

Sachanalyse

In seinem ersten Brief an Lothar beschreibt Nathanael in drei Sätzen (4,13–23) die als täglichen Höhepunkt des Familienlebens empfundenen Stunden nach dem Abendessen, wenn die gesamte Familie im Arbeitszimmer des Vaters »um einen runden Tisch« (4,18) versammelt saß. Der runde Tisch symbolisiert Einheit und in sich abgeschlossene Harmonie des Familienkreises. Mit wenigen Attributen (Pfeife des Vaters, ein Glas Bier) wird eine biedermeierliche Idylle gezeichnet, in der die besondere Rolle des Vaters offenkundig ist: Er ist als Ernährer der Familie tagsüber zumeist abwesend; er verfügt über ein eigenes Arbeitszimmer, was die Bedeutung seines Berufs unterstreicht; in der Erinnerung Nathanaels ist es ferner der Vater, der »wunderbare Geschichten« (4,20) erzählte, wenn er guter Laune war; dabei besaß der Junge als »Hauptspaß« (4,23) das Privileg, ihm die erloschene Pfeife wieder anzuzünden, und verfügte damit im Vergleich zu seinen Geschwistern offenbar über eine besondere Nähe zum Vater.

Doch die Rolle des Vaters als Oberhaupt und Schutzherr der Familie, als *pater familias* also, wird gleich mehrfach untergraben. An jenen Abenden, wenn der »Sandmann« (4,29) kommt, sitzt der Vater »stumm und starr in seinem Lehnstuhl und blies starke Dampfwolken von sich, dass wir alle wie im Nebel schwammen« (4,25–27). Diese Verhaltensänderung des Vaters im Zusammenhang mit dem sich bedrohlich nähernden Gepolter auf der Treppe und die ungewohnte Eile der Mutter sind für jedes Kind alarmierende Hinweise auf eine offenbar noch mächtigere Autorität als die Eltern. Der Fehler der Mutter, zunächst auf den »Sandmann« zu verweisen und diese Erklärung anschließend zu dementieren (»Es gibt keinen Sandmann«, 4,36 f.), obwohl Nathanael die bedrohlichen Geräusche hört und zugleich Sehverbot erhält (»zu Bette! zu Bette!«, 4,29), verstärkt die Verunsicherung und Neugier des Knaben, da mit dem Wahrnehmungsverbot eine »visuelle Leerstelle der Angstfantasien vom Sandmann«[1] entstanden ist. Das Ammenmärchen wiederum liefert Stoff für diese »visuelle Leerstelle« und verbindet die Angstgefühle in gesteigerter Form mit dem Augenraub. Es ist also erst die Tabuisierung der »dunklen« Seite des Vaters, dessen Steckenpferd geheimwissenschaftliche, damals anrüchige alchemistische Versuche sind, die die Kette der verhängnisvollen Ereignisse und Fantasien auslöst und schließlich die Traumatisierung Nathanaels einleitet. Bereits mit dem Gräuelmärchen der Kinderfrau legen sich die Angstfantasien immer mehr über die objektive Wirklichkeit, und der fantasiebegabte Junge beginnt, den Sandmann »in den seltsamsten, abscheulichsten Gestalten überall auf Tische, Schränke und Wände mit Kreide, Kohle« (6,13–15) hinzuzeichnen.

Die väterliche Autorität wird aber auch durch die gelegentlichen Besuche des Rechtsanwalts Coppelius zum gemeinsamen Mittagessen mit der Familie Nathanaels untergraben. Es ist der Vater, der nicht einschreitet, wenn der Gast bei Tische die Kinder sadistisch ärgert, und der es zulässt, dass seine Frau, die gegen den verhassten Freund ihres Mannes nicht aufzubegehren wagt, gedemütigt wird. Trotz der Flegeleien des »widerwärtigen« (8,20) Advokaten zeigt er sich ihm gegenüber so devot, »als sei er ein höheres Wesen, dessen Unarten man dulden und das man auf jede Weise bei guter Laune erhalten müsse« (8,23–25).

Diese Doppelbödigkeit und damit Brüchigkeit seiner Familie und der vermittelten Werte erfährt Nathanael schließlich im »Urerlebnis« seines Traumas auf besonders brutale Weise, sei es durch die plötzliche Verwandlung des vertrauten väterlichen Arbeitszimmers in eine Hexenküche, sei es durch das erneut sadistische Verhalten des Coppelius, sei es durch die Unterwerfung seines Vaters, der Coppelius als »Meister!« (9,32) anredet und ihn im eigenen Haus (!) flehentlich um Gnade für seinen Sohn bittet, anstatt energisch und tatkräftig einzuschreiten und den Advokaten hinauszuwerfen. Alle vermeintlichen Sicherheiten der geordneten bürgerlichen Welt erweisen sich als hinfällig angesichts einer bedrohlichen Übermacht, der selbst der eigene Vater verfallen zu sein scheint, wenn sich im Zwielicht der Herdflamme »seine sanften ehrlichen Züge zum hässlichen widerwärtigen Teufelsbilde verzogen« haben (9,15 f.).

Nicht ohne Grund hatte Nathanael seinen Brief nicht an seine Verlobte Clara, sondern an Lothar gerichtet. Clara wird vom Erzähler als fröhlich und unbefangen charakterisiert und verfügt über »die lebenskräftige Fantasie des heitern unbefangenen, kindischen Kindes, ein tiefes weiblich zartes Gemüt, einen gar hellen scharf sichtenden Verstand. Die Nebler und Schwebler hatten bei ihr böses Spiel« (20,31–35). Gerade wegen dieser durchaus positiven Eigenschaften

1 Günter Saße, »Der Sandmann. Kommunikative Isolation und narzisstische Selbstverfallenheit«, in: *Interpretationen. E. T. A. Hoffmann. Romane und Erzählungen*, hrsg. von G. S., Stuttgart 2004, S. 103.

»vermag Nathanael sich nicht vorzustellen, dass seine Verlobte jene lang verdrängte dunkle Seite seiner Existenz nachempfinden kann«[2]. Sein bereits im Briefanfang erkennbares Empathievermögen warnt ihn vor der Preisgabe seiner Krise und ihrer Absonderlichkeit: »Indem ich anfangen will, höre ich dich [Lothar] lachen und Clara sagen: das sind ja rechte Kindereien« (4,6–8). In der Tat wertet sie seine Wahrnehmungen und Ängste als Hirngespinste, die sie gemeinsam mit ihm durch Heiterkeit, mit »lautem Lachen« (15,35 f.) fortbannen könne. Ihre Haltung entspricht einer auch von Kant entschieden vertretenen Vermögenspsychologie, wonach der Mensch mit Hilfe der Grundkräfte seiner Seele und damit vermöge seines freien Willens krankhafte Gefühle beherrschen kann.

Es ist müßig, die Differenzen der Sekundärliteratur in der Einschätzung Claras und ihrer Rolle bei der Verschlimmerung des Zustands ihres Verlobten zu referieren. Der Text gibt für irgendeine Schuld dieser Art keinen Hinweis, aber der Erzähler kritisiert in subtiler Form eine sich hinter ihrer Haltung verbergende Weltanschauung. »Nathanaels partieller Wahnsinn zwingt zur Reaktion, und hinter den Reaktionen verbergen sich bestimmte Auffassungen vom Leben, von Krankheiten, von normalem bürgerlichen Verhalten.«[3]

Claras Welt bzw. ihre Vorstellungen von einem häuslichen Glück korrespondieren mit einer klar geordneten, auf Berechenbarkeit und Planbarkeit (Beruf, Familie) hin angelegten Welt. Wie selbstverständlich resultiert bei ihr die Identität des Menschen aus dem Bewussten bzw. dem Bewusstsein, also in »kontrollierter« Weise, weshalb sie Nathanael auch ihre an Kants Vermögenspsychologie orientierten Ratschläge zur Überwindung seiner Krise gibt. Mit Nathanael konstruiert Hoffmann aber ein Individuum, dessen Identität keineswegs nur aus dem Bewusstsein erwächst, sondern aus dem komplexen Konflikt zwischen Bewusstem und Unbewusstem. Der Fall Nathanael zeigt ja gerade, hier bis zum Wahnsinn gesteigert, dass die Wahrnehmung der Welt und die Suche nach der eigenen Identität nicht nur einem kontrollierenden Bewusstsein verpflichtet ist, sondern zugleich unberechenbar an Ängste, Träume, Fantasien des Unbewussten gekoppelt bleibt. Nathanaels Suche nach der eigenen Identität hatte ihn schon früh hinter die Kulissen der gutbürgerlichen Familie geführt. Aber für jene dunkle, unbekannte Seite der Existenz, die Nathanael mit seinem kindlichen Blick in den Sperrbezirk der Familie wahrgenommen hatte, bleibt in Claras Ideal eines häuslichen Glücks kein Platz. Zwar berichtet der Erzähler in seinem Schlussbild von ihrem geglückten Lebenstraum, einer »Familienidylle mit dem freundlichen Mann und den wohlgeratenen Kindern in einem schönen Landhaus [...]. Doch schon die Distanz des Erzählers, der nur vom Hörensagen berichtet, legt einen ironischen Schleier über diese Schlussidylle, wodurch das Ideal eines häuslichen Glücks, das sich der Ausgrenzung dunkler Seiten der Existenz verdankt, in eine kritische Perspektive gerückt wird.«[4]

2 Ebd., S. 98.

3 Friedhelm Auhuber, *In einem fernen dunklen Spiegel. E. T. A. Hoffmanns Poetisierung der Medizin*, Opladen 1986, S. 69 (zit. nach: Rudolf Drux, *Erläuterungen und Dokumente. E. T. A. Hoffmann, »Der Sandmann«*, Stuttgart 1994, S. 117.

4 Saße (Anm. 1), S. 115.

Unterrichtsverlauf

Überblick. Die Lerngruppe schult ihre Wahrnehmung für zwischenmenschliche Beziehungen anhand eines Gemäldes und in der sprachlichen Feinanalyse. Als wesentlichen Bedingungsfaktor für Nathanaels Traumatisierung ermittelt sie den Zusammenhang zwischen den Werten einer als Idylle gezeichneten Familie und den Störungen dieser Idylle. Auf der weiteren Suche nach einem Zusammenhang zwischen Idylle und Traumatisierung erfassen die Schülerinnen und Schüler Hoffmanns moderne Gestaltung einer literarischen Figur in der Spannung zwischen Bewusstsein und bedrängendem Unterbewussten. Abschließend erarbeiten sie sich einen weiteren Einblick in Hoffmanns kritische Darstellung der Gesellschaft seiner Zeit. **Verkürzter Verlauf: 6.1 – 6.2 – 6.3 – 6.6**

Phase	Thema	Sozialform	Kompetenzen und Lernziele	Materialien
Voraussetzungen: Kenntnis der gesamten Novelle				
6.1	Die Idylle der bürgerlichen Familie als Handlungsraum der Novelle	UG / PA	• Bildbeschreibung und -deutung üben	VORLAGE 6a ➤ S. 50
6.2	Störungen in der Idylle der Kleinfamilie	UG / LV	• Sinnzusammenhänge zwischen einzelnen Elementen des Textes herstellen	VORLAGE 6a ➤ S. 50 VORLAGE 6b ➤ S. 51 TAFELBILD 6 ➤ S. 52
6.3	Vergebliche Heilungsversuche Nathanaels innerhalb der Familie	Arbeitsteilige PA / UG	• Die Gleichzeitigkeit von Idylle und Katastrophe aufdecken und die tiefere Bedeutung entschlüsseln	VORLAGE 6c ➤ S. 53 VORLAGE 6d ➤ S. 53 VORLAGE 6e ➤ S. 54
6.4 **fakultativ**	Überanpassung an bürgerliche Vorschriften als Erklärung für Zerstörung und Selbstzerstörung? Anfang und Schluss der Novelle in direktem Vergleich	UG	• Überanpassung und Selbstbeschränkung in der Familienrolle der bürgerlichen Gesellschaft als mögliche Ursache für Aggression begreifen	VORLAGE 6f ➤ S. 55
6.5 **fakultativ**	Thomas Koebner: »Die Idylle der Wohlanständigkeit und der gesicherten Verhältnisse trügt« (1988)	EA / UG	• Einen wissenschaftlichen Sachtext verstehen und zur Vertiefung der Texterschließung einbeziehen • Voraussetzungen zur Epochenzuordnung entdecken	
6.6	Hoffmanns Kritik an der feinen Gesellschaft als Gesellschaftssatire	LV / PA	• Gestaltungsmittel der Satire entdecken und in die Textdeutung einbeziehen	ARBEITSBLATT 6 ➤ S. 57/58

6.1 Die Idylle der bürgerlichen Familie als Handlungsraum der Novelle

Unterrichtsschritt. Gemeinsam entdecken die Lernenden im Unterrichtsgespräch die charakteristischen Züge eines Familiengemäldes aus dem Biedermeier, insbesondere die persönliche Nähe, den liebevollen Umgang und die aufmerksame Anteilnahme der Familienmitglieder untereinander (VORLAGE 6a ***Familienbild des Forstmeisters Wilhelm Heinrich Seyd***). UG / PA

VORLAGE 6a ➤ S. 50

Erläuterungen zum Bild. Das 1845 entstandene Gemälde entspricht dem Idealbild einer bürgerlichen Familie zur Zeit des Biedermeier (1820–50). Hervorgehoben wird die liebevolle Zuneigung aller Familienmitglieder zueinander, die um einen kleinen runden Tisch versammelt sind. Dieser runde Tisch steht auch hier für die Einheit und in sich abgeschlossene Harmonie des Familienkreises. Im Zentrum der Aufmerksamkeit steht, schon farblich hervorgehoben, die kleine Tochter mit einem Gehversuch im behutsamen Schutz der Mutterhände. In der Körperhaltung ähnelt der vorsichtige Schritt auf dem Schoß der Mutter bereits einem kindlich-graziösen Tanzschritt, so dass schon hier die spätere weibliche Rolle angedeutet wird. Die konzentrierte Aufmerksamkeit der Eltern, sogar des Hundes, liegt ganz bei diesem jüngsten Familienmitglied. Selbst einer der halbwüchsigen Brüder nimmt aufmerksam teil am anmutigen Gehversuch der kleinen Schwester und zieht seinen jüngeren Bruder vorsichtig, fast sanft zur Seite, um besser sehen zu können. Der Familienvater ist durch seine aufrechte, aber zugleich dem Vorgang zugewandte Haltung in einer dominanten, aber keineswegs Autorität einfordernden Stellung charakterisiert. Aus Kleidung und vor allem Haltung der beiden Söhne sprechen wohlerzogene Artigkeit und brüderliche Nähe. Diese besondere Nähe der Familienmitglieder zueinander wird betont durch den privaten Charakter eines Wohnzimmers, das den Rückzug ins familiäre Idyll mit der schlichten Eleganz der Möbel und dem gemütlichen Sofa noch unterstützt. Vgl. auch die Pfeife des Hausherrn als Attribut entspannter Gemütlichkeit.

VORLAGE 6a Joseph Hartmann (1812–1885), *Familienbild des Forstmeisters Wilhelm Heinrich Seyd*, 1845

6.2 Störungen in der Idylle der Kleinfamilie

UG / LV

VORLAGE 6a
➤ S. 50
VORLAGE 6b
➤ S. 51

Unterrichtsschritt. Die Schülerinnen und Schüler erarbeiten die ursprüngliche Familienidylle des kleinen Nathanael (bei deren Erfassung sie sich an der nahezu analogen Situation des Gemäldes von J. Hartmann – VORLAGE 6a – orientieren) und deren Störung anhand von VORLAGE 6b ***Störungen in der Idylle der Kleinfamilie***.

Weitere Textstellen (Ammenmärchen 5,3–6,2; traumatische Urszene 6,33–10,13; Tod des Vaters 10,31–11,37) belegen, wie sich die ersten Verunsicherungen des Jungen zu einem immer bedrohlicheren Konstrukt aus subjektiven Wahrnehmungen und kindlicher Fantasie entwickeln und ein gefährliches Eigenleben entfalten (Unterrichtsgespräch). Die Ergebnisse werden im TAFELBILD 6 ***Familie als Scheinidylle: Die Folgen der Tabuisierung des Unbekannten*** festgehalten.

TAFELBILD 6
➤ S. 52

Erläuterung zur VORLAGE 6b. Der Rückblick Nathanaels auf seine Kindheit beginnt ambivalent. In wenigen Sätzen wird eine Familienidylle beschrieben. Die Störung dieser Idylle wird in allen Einzelheiten beschrieben und gipfelt in der Frage Nathanaels nach dem »böse[n] Sandmann, der uns immer von Papa forttreibt« (4,35 f.). Der Auftritt des Sandmanns wurde also offenbar bereits zu diesem frühen Zeitpunkt als schwere Störung der familiären Gemeinsamkeit erfahren. Denn die Abende, die Nathanael wegen der bedrohlichen Geräusche und wegen der Verhaltensänderung der Eltern als massiven Einbruch in die Ordnung empfand, waren zudem begleitet von Verheimlichung.

VORLAGE 6b

Störungen in der Idylle der Kleinfamilie

»Außer dem Mittagessen sahen wir, ich und mein Geschwister, Tag über den Vater wenig. Er mochte mit seinem Dienst viel beschäftigt sein. Nach dem Abendessen, das alter Sitte gemäß schon um sieben Uhr aufgetragen wurde, gingen wir alle, die Mutter mit uns, in des Vaters Arbeitszimmer und setzten uns um einen runden Tisch. Der Vater rauchte Tabak und trank ein großes Glas Bier dazu. Oft erzählte er uns viele wunderbare Geschichten und geriet darüber so in Eifer, dass ihm die Pfeife immer ausging, die ich, ihm brennend Papier hinhaltend, wieder anzünden musste, welches mir denn ein Hauptspaß war. Oft gab er uns aber Bilderbücher in die Hände, saß stumm und starr in seinem Lehnstuhl und blies starke Dampfwolken von sich, dass wir alle wie im Nebel schwammen. An solchen Abenden war die Mutter sehr traurig und kaum schlug die Uhr neun, so sprach sie: ›Nun Kinder! – zu Bette! zu Bette! der Sandmann kommt, ich merk es schon.‹ Wirklich hörte ich dann jedesmal Etwas schweren langsamen Tritts die Treppe heraufpoltern; das musste der Sandmann sein. Einmal war mir jenes dumpfe Treten und Poltern besonders graulich; ich frug die Mutter, indem sie uns fortführte: ›Ei Mama! wer ist denn der böse Sandmann, der uns immer von Papa forttreibt? – wie sieht er denn aus?‹ ›Es gibt keinen Sandmann, mein liebes Kind‹, erwiderte die Mutter; ›wenn ich sage, der Sandmann kommt, so will das nur heißen, ihr seid schläfrig und könnt die Augen nicht offen behalten, als hätte man euch Sand hineingestreut.‹«

Sandmann, Reclam XL, S. 4 f.

Arbeitsauftrag:
Weisen Sie in diesem Bericht Nathanaels über seine Kindheitserlebnisse die biedermeierliche Idylle nach und beschreiben Sie detailliert deren Störung.

Erläuterungen zu den weiteren Textstellen.

- Das Ammenmärchen liefert Stoff für die durch das Wahrnehmungsverbot entstandene »visuelle Leerstelle« und verbindet die Angstgefühle in gesteigerter Form mit dem Augenraub.
- Die »Urszene« im Arbeitszimmer des Vaters, wo schon die unerklärliche Verwandlung eines geliebten Ortes Schrecken verursachen muss, allemal das Treiben seines Vaters und des Advokaten, löst endgültig das Kindheitstrauma aus und manifestiert die Verknüpfung mit dem Augenraub.
- Der Tod des Vaters bei einem weiteren alchemistischen Versuch und das Verbergen der »dunklen« Seite des Vaters bzw. der Familie bleibt als »Familiengeheimnis gewahrt, ja verdrängt – und das hat [...] zur Konsequenz, dass sich in ihm zur depressiven Grundstimmung umformte, was nicht artikuliert wurde. So bedarf es lediglich eines minimalen Anstoßes; durch das Auftauchen eines Wetterglashändlers werden die in die Latenz abgesunkenen Traumatisierungen aktualisiert« (Saße, S. 106).

Die Lerngruppe begreift, dass die über Verbote umgesetzte Tabuisierung der geheim gehaltenen dunklen Seite des Familienbildes wesentlicher Entstehungsfaktor des Kindheitstraumas ist. Indem sie die Darstellung einer Doppelbödigkeit der bürgerlichen Familie als wesentlichen Grund für Nathanaels psychische Gefährdung erkennen, entschlüsseln sie Hoffmanns Kritik.

Wie bei einer Innenaufnahme führt der Erzähler dem Leser die für den Außenstehenden unsichtbaren bedrängenden Bilder und Ängste Nathanaels vor. Durch erzähltechnische Mittel wie die Ich-Form in den Briefen oder die übergangslosen Wechsel zu personalem Erzählen mit verengter Perspektive bewirkt er, dass sich der Leser in eine beklemmende Nähe zur erlebten Welt des psychisch Kranken gerückt fühlt.

Leitfragen:
- Warum und mit welchen Mitteln erfolgt die Verheimlichung der alchemistischen Versuche seines Vaters? Welche Folgen hat das Wahrnehmungsverbot für den aufgeweckten Jungen?
- Mit welchen inhaltlichen bzw. erzählerischen Mitteln wird eine Anteilnahme, eine große Nähe des Lesers zum Protagonisten erzielt?

TAFELBILD 6

Familie als Scheinidylle: Die Folgen der Tabuisierung des Unbekannten

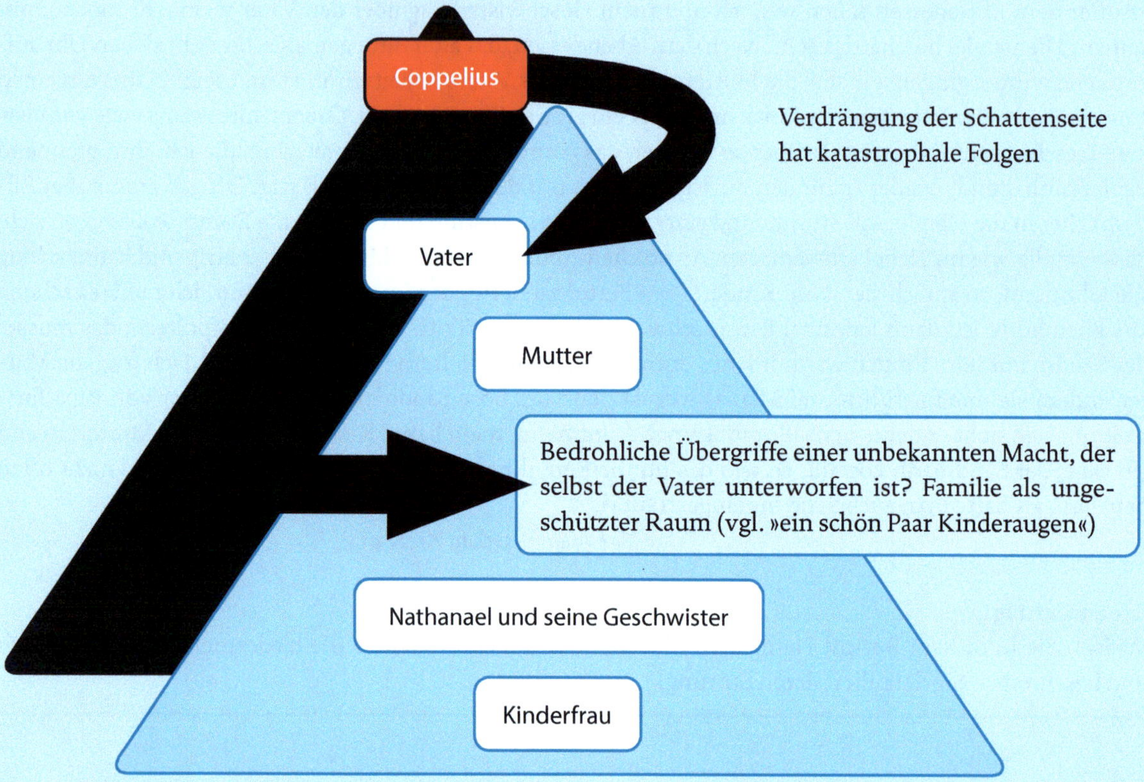

Zusammenfassung (Diktat als Lehrervortrag):

1. Die Widersprüche bei der Verleugnung der dunklen Seite im Leben der Familie wecken N.s Bedürfnis nach Aufklärung, die ihm verweigert und mit wilden Fantasien (Sandmann) und schließlich selbst Erlebtem (traumatische Urszene) gefüllt wird.
2. Hoffmann zeichnet anhand seines Protagonisten den Verlauf einer psychischen Erkrankung nach, die im Spannungsfeld zwischen zugelassenen und tabuisierten Lebenswelten einer bürgerlichen Familie entstanden ist und im Selbstmord endet.

6.3 Vergebliche Heilungsversuche Nathanaels innerhalb der Familie

Arbeitsteilige PA / UG

VORLAGE 6c ➤ S. 53

VORLAGE 6d ➤ S. 53

VORLAGE 6e ➤ S. 54

Unterrichtsschritt. Die Überleitung zum neuen Lernschritt erfolgt anhand der VORLAGE 6c ***Der Konflikt zwischen Clara und Nathanael – nur ein Beziehungskonflikt?*** und unter Rückgriff auf das TAFELBILD 2.

In Partnerarbeit (arbeitsteilige Gruppenarbeit) untersucht die Lerngruppe nach dieser Hinführung zwei typische Textstellen zum Misslingen einer Verständigung zwischen den Verlobten bzw. zum endgültigen Scheitern einer Heilung des Protagonisten und ermittelt die Gründe des Scheiterns (VORLAGE 6d ***Arbeitsaufträge für die Partnerarbeit***).

Das anschließende Unterrichtsgespräch arbeitet die Unvereinbarkeit der Positionen und die ironische Distanzierung Hoffmanns von der familiären Idylle Claras am Ende der Novelle heraus (VORLAGE 6e ***Der Schluss der Novelle: Claras geglückter Traum vom häuslichen Glück?***).

Erläuterungen zur VORLAGE 6c. Clara widerspricht Nathanaels Überzeugung von einer ihn existentiell bedrohenden Macht, hinter der er Coppelius vermutet, mit Entschiedenheit. In ihrem festen Glaube an die Kräfte des menschlichen Verstands zur positiven Lebensgestaltung (vgl. TAFELBILD 2) nimmt sie die auf seinen Erlebnissen beruhende Sicht der Dinge Punkt für Punkt auseinander – sehr zum Ärger Nathanaels, der diese Reaktion seiner Verlobten bereits in seinem ersten Brief an Lothar vorweggenommen hatte: Er höre »Clara sagen: das sind ja rech-

VORLAGE 6c

Der Konflikt zwischen Clara und Nathanael – nur ein Beziehungskonflikt?

»Am frühen Morgen, wenn Clara das Frühstück bereiten half, stand er bei ihr und las ihr aus allerlei mystischen Büchern vor, dass Clara bat: ›Aber lieber Nathanael, wenn ich *dich* nun das böse Prinzip schelten wollte, das feindlich auf meinen Kaffee wirkt? – Denn, wenn ich, wie du es willst, alles stehen und liegen lassen und dir, indem du liesest, in die Augen schauen soll, so läuft mir der Kaffee ins Feuer und ihr bekommt alle kein Frühstück!‹ – Nathanael klappte das Buch heftig zu und rannte voll Unmut fort in sein Zimmer. Sonst hatte er eine besondere Stärke in anmutigen, lebendigen Erzählungen, die er aufschrieb, und die Clara mit dem innigsten Vergnügen anhörte, jetzt waren seine Dichtungen düster, unverständlich, gestaltlos, sodass, wenn Clara schonend es auch nicht sagte, er doch wohl fühlte, wie wenig sie davon angesprochen wurde. Nichts war für Clara tötender, als das Langweilige [...].«

Sandmann, Reclam XL, S. 22 f.

te Kindereien« (4,7 f.). Er fühlt sich mit seinen Ängsten nicht ernstgenommen und alleingelassen, wenn Clara und der sie beratende Lothar sie als Hirngespinste abtun, die mit Vernunft, Selbstdisziplin und einer Konzentration auf den durch »Neigung und Beruf« (15,3) vorgezeichneten Weg vertrieben werden könnten. Ihre Bagatellisierung seiner Ängste (»Sei heiter – heiter!«, 15,32) knüpft zudem an Verharmlosungsstrategien in seiner Kindheit an, wenn ein »Etwas« (4,31) kleingeredet oder verleugnet wurde, das durch das Gepolter auf der Treppe und die Aufregung der Eltern als Gefahr greifbar war.

So schaukeln sich die Isolierung Nathanaels (durch Verweigerung von einfühlsamer, verstehender Kommunikation der Verlobten) und seine Selbstisolierung (durch das Festhalten an seinen inneren Bildern) zur ersten schweren Beziehungskrise auf, die fast zum tödlichen Duell mit Lothar geführt hätte. Die VORLAGE 6c greift diese krisenhafte Zuspitzung auf und verdeutlicht mit der hier vorliegenden Charakterisierung Claras als einer pragmatischen, schnippisch-ironischen jungen Frau, deren literarisches Interesse sich auf Unterhaltungsliteratur beschränkt, die Gegensätzlichkeit der Verlobten, die seit dem Tod beider Väter gemeinsam unter der Obhut von Nathanaels Mutter aufwuchsen.

VORLAGE 6d

Arbeitsaufträge für die Partnerarbeit

Gruppe 1 Text **24,16–25,2** (»Sie, Nathanael und Clara, saßen in der Mutter kleinem Garten ...« bis »... wirf das tolle – unsinnige – wahnsinnig Märchen ins Feuer.«) unter Berücksichtigung des von Nathanael verfassten Gedichts 23,13–24,2 (»Es kam ihm endlich ein ...« bis »... mit Claras Augen ihn freundlich anschaut.«)

Gruppe 2 Text **40,13–41,21** (»Jede Spur des Wahnsinns ...« bis »... fest an das Geländer.«)

Arbeitsaufträge für beide Gruppen:

1. Fassen Sie den Inhalt der jeweiligen Textabschnitte zusammen, und weisen Sie die Textsignale einer bürgerlichen Idylle und deren Überzeichnung nach.
*2. Warum entwirft Hoffmann zunächst das Bild einer überschaubaren und geordneten familiären Idylle, das aber wenig später zur Katastrophe umschlägt?
*3. Begründen Sie, warum eine Verständigung bzw. eine Gemeinsamkeit zwischen Nathanael und Clara scheitert.

Erläuterungen zum Text Gruppe 1 (24,16–25,2 mit 23,13–24,2) in VORLAGE 6d. Die in 24,16–23 beschriebene Idylle (»in der Mutter kleinem Garten, Clara war sehr heiter«) entpuppt sich schnell als Scheinidylle, schon weil Claras Heiterkeit auf der falschen Annahme beruht, sie hätten »den hässlichen Coppelius vertrieben« (24,23). Als Nathanael ihr dann sein Gedicht vorliest, vor dem ihn seinerzeit selbst ein Grauen packte, lässt sie alsbald den Strickstrumpf (!) sinken und ist von dessen albtraumhaften Bildern entsetzt. Denn Nathanael hatte in seiner »Vernichtungsfantasie« (Saße, S. 109) ausgerechnet den Höhepunkt des gemeinsamen häuslichen Glücks, die Eheschließung vor dem Traualtar, als Zeitpunkt für Coppelius' zerstörerisches Eingreifen in sein Leben gewählt.

Erläuterungen zum Text Gruppe 2 (40,13–41,21) in VORLAGE 6d. Auch hier schlägt die Idylle ohne Vorwarnung in dem Moment in die Katastrophe um, als ein Höhepunkt des Familienglücks erreicht ist. Nathanael ist geheilt, »[j]ede Spur des Wahnsinns war verschwunden« (40,13); die Familie hat neben einem »nicht unbedeutenden Vermögen ein Gütchen in einer angenehmen Gegend unfern der Stadt« (40,18–20) geerbt. Die Idylle wird noch gesteigert durch die Beschreibung der positiven Veränderung Nathanaels, der erst jetzt »Claras himmlisch reines, herrliches Gemüt« (40,23 f.) zu erkennen vermag. Auf dem Weg zu dem kleinen Gut ereignet sich die Katastrophe, als »die beiden Liebenden Arm in Arm auf der höchsten Galerie des Turmes« (41,4 f.) stehen und »in die duftigen Waldungen« (41,5 f.) schauen. Dieses Mal ist es der Blick durch das Perspektiv, der die Katastrophe auslöst.

VORLAGE 6e

Der Schluss der Novelle: Claras geglückter Traum vom häuslichen Glück?

»Nach mehreren Jahren will man in einer entfernten Gegend Clara gesehen haben, wie sie mit einem freundlichen Mann, Hand in Hand vor der Türe eines schönen Landhauses saß und vor ihr zwei muntre Knaben spielten. Es wäre daraus zu schließen, dass Clara das ruhige häusliche Glück noch fand, was ihrem heitern lebenslustigen Sinn zusagte und das ihr der im Innern zerrissene Nathanael niemals hätte gewähren können.«

Sandmann, Reclam XL, S. 42.

Erläuterungen zur VORLAGE 6e. Angesichts der von der Lerngruppe erarbeiteten Gleichzeitigkeit von familiärer Idylle und Potenzierung des Wahnsinns müssen Antworten, die lediglich auf seine psychische Erkrankung verweisen, vordergründig bleiben. Vielmehr ist auf die Unvereinbarkeit von Claras philisterhafter Welt bzw. ihrer Vorstellungen von häuslichem Glück mit dem romantischen Wesen ihres »zerrissene[n]« (42,25) Verlobten hinzuweisen. Dessen Wahrnehmung der Welt und Identitätssuche ist nicht nur, wie bei Clara, der Sicherheit eines kontrollierenden Bewusstseins verpflichtet, sondern zugleich an die Tiefe des Unbewussten geknüpft (vgl. Ausführungen in der Sachanalyse). Für diese dunkle, unbekannte Seite der Existenz, die Nathanael mit seinem kindlichen Blick in die Dunkelkammer der Familie schon früh und schockierend wahrgenommen hatte, bleibt in Claras bodenständigem Ideal eines häuslichen Glücks kein Platz.

Zwar berichtet der Erzähler in seinem Schlussbild (VORLAGE 6e) von ihrem geglückten Lebenstraum, doch »schon die Distanz des Erzählers, der nur vom Hörensagen berichtet, legt einen ironischen Schleier über diese Schlussidylle, wodurch das Ideal eines häuslichen Glücks, das sich der Ausgrenzung dunkler Seiten der Existenz verdankt, in eine kritische Perspektive gerückt wird.« (Saße, S. 115)

Leitfragen für das abschließende Unterrichtsgespräch:

- Warum entwirft Hoffmann zunächst das Bild einer überschaubaren, geordneten und in den Details überzeichneten familiären Idylle, das aber wenig später zur Katastrophe umschlägt?
- (*) Warum gelingt es in beiden Fällen nicht, den in die Normalität der Familie zurückgekehrten Nathanael dauerhaft zu integrieren?

6.4 Überanpassung an bürgerliche Vorschriften als Erklärung für Zerstörung und Selbstzerstörung? Anfang und Schluss der Novelle in direktem Vergleich (fakultativ)

UG

VORLAGE 6f

➤ S. 55

Unterrichtsschritt. Der dramatische Schluss der Novelle mit dem Mordversuch Nathanaels an seiner Verlobten bis zum Selbstmord (41,21–42,15) wird mit dem Beginn der Novelle (VORLAGE 6f ***Nathanael an Lothar***) kontrastiert, um die beobachtete dramatische Auflösung der bürgerlichen Welt innerhalb weniger Monate nachdrücklich zu veranschaulichen. Um das Ausmaß der Zerstörungen sichtbar zu machen, genügt ein kurzer Blick auf die frühere Art der zwischenmenschlichen Beziehungen, die liebevolle Sprache und das beson-

VORLAGE 6f

Nathanael an Lothar

»Gewiss seid ihr alle voll Unruhe, dass ich so lange – lange nicht geschrieben. Mutter zürnt wohl, und Clara mag glauben, ich lebe hier in Saus und Braus und vergesse mein holdes Engelsbild, so tief mir in Herz und Sinn eingeprägt, ganz und gar. – Dem ist aber nicht so; täglich und stündlich gedenke ich eurer aller und in süßen Träumen geht meines holden Clärchens freundliche Gestalt vorüber und lächelt mich mit ihren hellen Augen so anmutig an, wie sie wohl pflegte, wenn ich zu euch hineintrat. – Ach wie vermochte ich denn euch zu schreiben, in der zerrissenen Stimmung des Geistes, die mir bisher alle Gedanken verstörte!«

Sandmann, Reclam XL, S. 3.

Arbeitsauftrag (Partnerarbeit):
Ermitteln sie aus dem Anfang des Briefs »Nathanael an Lothar« ein Bild vom Briefschreiber und seinen familiären Beziehungen.

dere Maß an Emphase in Nathanaels Briefanfang. Genau hier könnte als weitere Erklärung die Frage entstehen, ob die Abgründe, wie sie sich zum Schluss offenbaren, nicht unmittelbar mit der bürgerlichen Lebensführung zu tun haben, nämlich mit einer Überanpassung an deren Regeln unter Verzicht auf Selbstverwirklichung und daraus resultierenden Aggressionen. Bei so viel Unterordnung des eigenen Lebens unter die verbindlichen Normen verschwindet schließlich auch die Trennschärfe zwischen Mensch und Maschine, wie Hoffmann an seiner kleinen Satire über die Teezirkel zeigt (vgl. dazu Thomas Koebner, 6.5).

Erläuterungen. Bereits die ersten Sätze des Erzählanfangs im *Sandmann* zeigen den Protagonisten in einer engen und äußerst gefühlsbetonten familiären Beziehung. Das gilt nicht nur für sein Verhältnis zu seiner Verlobten, sondern auch für die Beziehung zu seiner Mutter und zu seinem entfernten Verwandten und Freund Lothar (»Ach mein herzlieber Lothar«, 3,20). Die Intensität der Beziehungen wird überdies an seiner ausgeprägten Empathie deutlich, mit der er sich in die vermutete Gedankenwelt der Familienmitglieder hineinversetzt. Neben eventueller Sorgen seiner Familie um ihn geht es in seinen Gedanken auch um angenommene Vorwürfe sowohl von seiner Mutter (»Mutter zürnt wohl«, 3,4) als auch von seiner Verlobten (»Clara mag glauben, ich lebe hier in Saus und Braus«, 3,4 f.), was einen auf ihm lastenden moralischen Druck offenbart.

Angesichts der Bedeutung des Vorfalls, von dem er schreiben wird, verwundert allerdings die Adressierung an Lothar und nicht an seine Verlobte. Vor Clara will er seine belastenden Kindheitserlebnisse offenbar verschweigen, was einem Erfahrungsmuster aus seiner eigenen Kindheit entspricht, als totgeschwiegen wurde, was dem Bild der Familie nach innen und außen widersprach.

6.5 Thomas Koebner: »Die Idylle der Wohlanständigkeit und der gesicherten Verhältnisse trügt« (1988) (fakultativ)

Unterrichtsschritt. Der Text von Thomas Koebner, »Die Idylle der Wohlanständigkeit und der gesicherten Verhältnisse trügt« (1988), in: *Sandmann*, Reclam XL, S. 77 f., verweist auf psychische Folgen einer Überdisziplinierung und Selbstbeschränkung, die dem Einzelnen durch die bürgerliche Lebensführung des frühen 19. Jahrhunderts abverlangt wurde. Koebners Ausführungen ergänzen und systematisieren die bisherigen Lernergebnisse. EA / UG

Leitfrage:
- Klären Sie, welche weitergehenden Ursachen für Nathanaels Trugschluss über Olimpia und für die zerstörerischen und selbstzerstörerischen Kräfte in ihm der Text nennt.

6.6 Hoffmanns Kritik an der feinen Gesellschaft als Gesellschaftssatire

LV / PA

ARBEITSBLATT 6

➤ S. 57

Unterrichtsschritt. In einer knappen Hinführung (Lehrervortrag) zum ARBEITSBLATT 6 ***Hoffmanns Kritik an der feinen Gesellschaft als Gesellschaftssatire*** informiert die Lehrkraft exemplarisch über Hoffmanns gesellschaftskritische Haltung, seine antibürgerliche Lebensführung und seine Konflikte mit Staat und Gesellschaft. Textgrundlage für die Partnerarbeit ist der Exkurs des Autors über die gesellschaftlichen Folgen des Olimpia-Auftritts (*Sandmann*, Reclam XL, 38,24–39,34; »Ehe ich, günstiger Leser! dir zu erzählen fortfahre … Coppola war auch verschwunden«).

Erläuterungen. Für die Hinführung können die Informationen in *Sandmann*, Reclam XL, S. 53–56 und folgende Webseiten genutzt werden:

- https://etahoffmann.staatsbibliothek-berlin.de/unterrichten/wissenswertes/
- https://etahoffmann.staatsbibliothek-berlin.de/leben-und-werk/zeichner/karikaturen/ (Stand: 18.11.2018)

Lösungshinweis zu ARBEITSBLATT 6, Arbeitsauftrag 2: Falsche Aussagen sind 1, 3, 8, 12, 13,17, 18.

Hoffmanns Kritik an der feinen Gesellschaft als Gesellschaftssatire

Teezirkel

Teezirkel waren private Tischgesellschaften, die seit dem 18. Jahrhundert als Orte bürgerlicher Geselligkeit in Mode kamen. Als Treffpunkte für Diskussionen, Lesungen oder musikalische Veranstaltungen dienten sie dem Bedürfnis nach geselliger Unterhaltung und in geglückten Fällen dem intellektuellen Austausch. Frauen boten sie ein Forum, auf dem sie den schmalen Rahmen ihres häuslichen Lebens verlassen und am kreativen Austausch und als Gastgeberinnen in Erscheinung treten konnten. Daher beeinflussten Teezirkel die Wahrnehmung und Rollenzuweisung der Frau, denn die schöne Literatur bot einem Lesepublikum beiderlei Geschlechts, dessen vorrangige und oft einzige Lektüre lange Zeit die Bibel gewesen war, auch genügend Stoff über Schicksale, Gefühle und Empfindungen von Frauen. – Da in solchen Teezirkeln die Kunstwerke oft nur »durchgehechelt und exekutiert wurden, sind [sie] als geist- und seelenlose Repräsentationsstätten des Bildungsbürgertums von romantischen Schriftstellern häufig mit beißendem Spott attackiert worden [...] Hoffmann [...] hat seine bitteren Erfahrungen mit dem utilitaristischen Kunstverständnis der Veranstalter, die Musik wie Gebäck und Konfekt genossen, in verschiedenen Erzählungen festgehalten [...]« (Rudolf Drux, *Erläuterungen und Dokumente. E. T. A. Hoffmann, »Der Sandmann«*, Stuttgart 1994, S. 46).

Richtig oder falsch?

1. In diesem kleinen Exkurs kurz vor dem Ende der Novelle würdigt Hoffmann die kulturellen Leistungen der damaligen Teezirkel und hebt das intellektuelle Niveau und das Kunstverständnis ihrer Teilnehmer hervor.
2. Die Formulierung »unerlaubten Betrug« (38,31) ist ein Pleonasmus, weil ein Betrug ohnehin »unerlaubt« ist.
3. Die Formulierung »unerlaubten Betrug« ist eine Tautologie, weil ein Betrug ohnehin »unerlaubt« ist.
4. Die Formulierung »gänzlich unerlaubten Betrug« ist eine Hyperbel, weil Hoffmann damit die überzogene Aufregung der genarrten Bildungsbürger verspotten will.
5. Der Begriff »vernünftigen Teezirkeln« (38,32) ist ironisch, weil die Mitglieder des Teezirkels ihre Unvernunft, also Dummheit bewiesen haben, indem sie Olimpia nicht als künstlichen Menschen erkannt haben.
6. Die Formulierung »statt der lebendigen Person eine Holzpuppe« (30,33) enthält eine Hyperbel, weil Olimpia ein menschenähnlicher Android war.
7. Anhand des erfolgreichen Betrugs Spalanzanis mit seiner »Holzpuppe« Olimpia will Hoffmann die bürgerliche Gesellschaft als dem Leben gegenüber blinde und nur maschinenmäßig funktionierende Menschen kritisieren.
8. Mit der Behauptung »eines eleganten Teeisten« (39,6), Olimpia habe »gegen alle Sitte öfter genieset, als gegähnt« (39,6f.), verhöhnt Hoffmann das modewusste Auftreten männlicher Teilnehmer der Teezirkel als mit Dummheit gepaarte Eitelkeit, weil ihre Aufmerksamkeit dem Gegenstand der Gespräche oder der künstlerischen Darbietung galt und nicht dem Einhalten eines Verhaltenskodexes für die Damen.
9. Das Substantiv »Elegant« (39,8) ist ein veralteter Begriff, mit dem Männer bezeichnet wurden, die sich übertrieben modisch kleideten, während das Substantiv »Teeist« ein Neologismus Hoffmanns ist.
10. Der Begriff »Professor der Poesie und Beredsamkeit« (39,9f.) enthält eine verspottende heterogene Fügung, weil eine Berufsbezeichnung mit einer Charaktereigenschaft vermischt wird.
11. Hoffmann verspottet diesen Professor für Literatur und Rhetorik wegen seiner Wichtigtuerei.
12. Die von diesem Professor benutzte Schnupftabakdose ist kein typisches Requisit eines Philisters.

2019 Reclam Verlag / Max Kämper

13. Die Teilnehmer des Teezirkels haben Olimpia als künstlichen Menschen erkannt, weil sie selbst in ihrer geistigen Beschränktheit und blinden Befolgung der gesellschaftlichen Verhaltensregeln wie Marionetten sind.
14. Der Professor verknüpft in seinem Statement 39,11–15 eine feierliche Anredefloskel mit einer volkstümlichen Redewendung, mit zwei literarischen Fachbegriffen und schließlich noch mit einer lateinischen Redensart. Diese aufwendige heterogene Mischung wirkt angesichts der Banalität der Aussage grotesk und dient der Verspottung eines Vertreters der wissenschaftlichen Lehre.
15. Die Behauptung des Professors, der Betrug Spalanzanis mit seiner Holzpuppe Olimpia sei »eine Allegorie – eine fortgeführte Metapher« (39,13 f.) ist Unsinn, weil sich der Vorfall in seiner unmittelbaren Umgebung tatsächlich ereignet hat, während seine Begriffe Stilmittel der Dichtung sind.
16. Die Behauptung des Professors, der Betrug Spalanzanis mit seiner Holzpuppe Olimpia sei »eine Allegorie – eine fortgeführte Metapher« ist kein Unsinn, wenn man den Professor im Sinne der romantischen Ironie (= Durchbrechen der Illusionsebene) aus der Handlungsebene der Novelle herauslöst und seine Erklärung als Deutung für die gesamte Olimpia-Handlung in Hoffmanns Novelle betrachtet.
17. Mit seinem Hinweis auf das Verlangen mancher Liebhaber, dass die Geliebte »nicht bloß höre, sondern auch manchmal in *der* Art spreche, dass dies Sprechen wirklich ein Denken und Empfindungen voraussetze« (39,23–26), kritisiert Hoffmann die schüchterne Zurückhaltung der Frauen.
18. Hoffmanns Bemerkung, dass neuerdings in »den Tees unglaublich gegähnt und niemals genieset« (39,29 f.) wird, soll auf die Langeweile in solchen Tischrunden hinweisen.
19. Mit der Formulierung, Spalanzani müsse die Stadt verlassen, »um der Kriminaluntersuchung wegen der menschlichen Gesellschaft betrüglicher Weise eingeschobenen Automats zu entgehen« (39,31–33), parodiert Hoffmann Juristensprache.
20. Satire bzw. satirisch meint eine kritische, polemisch zugespitzte und verspottende Auseinandersetzung mit zeitgenössischen Missständen und Personen. – Hoffmann geriet durch satirische Romane und durch Karikaturen wiederholt in Konflikt mit der staatlichen Obrigkeit.

Arbeitsaufträge:

1. Lesen Sie den kleinen Exkurs Hoffmanns über die gesellschaftlichen Folgen des Auftritts Olimpias in einem Teezirkel *Sandmann*, Reclam XL, 38,24–39,34 und informieren Sie sich auf dem Arbeitsblatt über Teezirkel.
2. Überprüfen Sie die Richtigkeit der Aussagen zu Hoffmanns Exkurs über die gesellschaftlichen Folgen des Olimpia-Auftritts.

2019 Reclam Verlag / Max Kämper

7 Den *Sandmann* als Künstlernovelle entdecken

Sachanalyse

Die handschriftliche Fassung des *Sandmann*, die auf »d. 16. Novbr: 1815 [Ab] Nachts 1 Uhr«[1] datiert ist, hat Hoffmann vor dem ersten Druck 1816/17 noch in einigen Passagen verändert. Die Veränderungen betreffen u. a. den Schluss der Novelle und damit den Ausgang der Handlung: In der handschriftlichen Variante hatte sich Coppelius mit einem Zuruf von unten direkt an Nathanael auf dem Turm gewendet und so den Sprung des Wahnsinnigen in den Tod erst ausgelöst. Dem Handeln ging also eine handlungsauslösende Kommunikation voraus, die aber gestrichen wurde. Die endgültige Version verstärkt die psychopathologische Erklärung, so dass nunmehr ein Gleichgewicht zur mystisch-dämonischen Lesart hergestellt wird und eine Offenheit zwischen beiden Erklärungsmöglichkeiten gewahrt bleibt.

Auffallend sind hier die neu eingefügten Worte »*Feuerkreis* dreh dich – *Feuerkreis* dreh dich« (42,4) des rasenden Nathanael, weil Hoffmann sie im Druck besonders hervorhebt. Dieser Begriff »Feuerkreis« (23,23) stammt aus dem Gedicht Nathanaels, das zum Auslöser eines heftigen Streits der Verlobten wird, weil er hier seine Ängste in einer schauerlichen Vision thematisiert. Denn die früheren »anmutigen, lebendigen Erzählungen, die er aufschrieb und die Clara mit dem innigsten Vergnügen anhörte« (22,32–34), verändern sich zu düsteren Fantasien und Visionen, die immer mehr Macht über ihn gewinnen und ihn der Wirklichkeit entfremden. Der Student der naturwissenschaftlichen Fakultät führt als dichtender Künstler offenbar eine Art Doppelleben, denn wie sich herausstellt, hält er eine ganze Sammlung von eigenen literarischen Werken in seinem Schreibpult versteckt: Zu seinen Lesungen für Olimpia »holte Nathanael alles hervor, was er jemals geschrieben. Gedichte, Fantasien, Visionen, Romane, Erzählungen, das wurde täglich vermehrt mit allerlei ins Blaue fliegenden Sonetten« (35,21–24). Hoffmann nimmt mit dieser Thematik nicht nur den Künstler im Allgemeinen als unverstandenen Außenseiter und innerlich Zerrissenen in den Blick. Das umstrittene Gedicht weist Nathanael vielmehr als romantischen Künstler aus, der in Bereiche des Irrationalen, Unbewussten vorstoßen will und sich auf tragische Weise in dem Geflecht von extremem Subjektivismus, Künstlertum und Wahnsinn verstrickt.

In der Erzählsammlung *Die Serapionsbrüder* (1818–21) entwickelt Hoffmann anhand der dort versammelten Erzählungen einige Prinzipien zum romantischen Erzählen. Auslöser für diese als »serapiontisches Prinzip« bekannt gewordenen Kriterien ist die Begegnung mit einem geistesgestörten Einsiedler in den Tiroler Alpen, der sich für den heiligen Serapion hält, einen um 195 n. Chr. unter dem römischen Kaiser Septimius Severus hingerichteten christlichen Märtyrer aus Mazedonien. Aus der Leidenschaft und Farbigkeit, mit welcher der Verrückte von seinen inneren Bildern und Visionen erzählt (»wie sie nur der geistreichste, mit der feurigsten Phantasie begabte Dichter anlegen, durchführen kann«)[2], werden entsprechende Forderungen an eine romantische Erzählung abgeleitet. Dazu gehört eine »Duplizität« von Innenwelt und Außenwelt, also ein Nebeneinander der Sphäre reiner Imagination des Dichters und der realen Welt, die solche Imaginationen auslöst. Die inneren Bilder und Visionen, aus denen der romantische Dichter seine Fantasiewelt, sein fiktives Universum entstehen lässt, müssen tatsächlich vor seinem inneren Auge aufgegangen sein – so intensiv und dicht (»mit aller Lust, mit allem Entsetzen, mit allem Jubel, mit allen Schauern«)[3], als seien sie lebendige Welt. Nur mit der leidenschaftlichen Überzeugung von der Wahrhaftigkeit dessen, was er »erschaute«, könne der Dichter seine Erzählungen so gestalten, dass der Leser davon hingerissen sein werde. Indem diese Welt reiner Imagination den Dichter aber gefangen hält und ihn immer mehr besetzt, bestehe freilich auch das Risiko, darüber wahnsinnig zu werden, wie es das Schicksal jenes Einsiedlers zeige. Denn »es ist unser irdisches Erbteil, daß eben die Außenwelt in der wir eingeschachtet, als der Hebel wirkt, der jene Kraft in Bewegung setzt«[4]. Diesen »Hebel« habe der geistesgestörte Einsiedler verloren und damit den Weg zurück zur Wirklichkeit.

Als Künstlernovelle gelesen, demonstriert Hoffmann also am Werdegang Nathanaels in ironischer Übertreibung den Weg eines sensiblen jungen Mannes, der sich als romantischer Dichter versucht, sich aber in seinen eigenen Einbildungen so verstrickt, dass er jenen »Hebel« und damit den Zugang zur Rea-

1 Vgl. Nachwort in: E. T. A. Hoffmann, *Der Sandmann. Studienausgabe. Paralleldruck der Handschrift und des Erstdrucks (1817)*, hrsg. von Ulrich Hohoff, Stuttgart 2018, S. 145.

2 E. T. A. Hoffmann, *Poetische Werke in sechs Bänden*, hrsg. von Gerhard Seidel, Bd. 3: *Die Serapionsbrüder*, Berlin 1958, S. 33.

3 Ebd., S. 68; zit. nach: *Sandmann*, Reclam XL, S. 81.

4 Ebd.; zit. nach: *Sandmann*, Reclam XL, S. 82.

lität verliert. Was in der Kindheit bereits als ausufernde Einbildungskraft angelegt ist – die Flucht in Fantasien, die Vorstellung vom Wirken wunderbarer und dämonischer Mächte – wird zwar zur fruchtbaren Quelle seiner literarischen Eingebungen, aber auch zur Ursache seines Scheiterns.

Unterrichtsverlauf

Überblick. In einem kreativen Schreibprozess verschaffen sich die Schülerinnen und Schüler eine erste Verstehensgrundlage für die Deutung des *Sandmann* als Künstlernovelle. Anhand einer knappen Epochenübersicht zur Romantik und mit Hilfe des »serapiontischen Prinzips« begreifen sie Hoffmann als Dichter zwischen Romantik und Aufklärung, der anhand seines Protagonisten die Gefährdung des romantischen Künstlers demonstriert, der mit übersteigertem Autonomieanspruch den Zugang zur Realität verliert. **Verkürzter Verlauf: 7.1 – 7.2 – 7.3**

Phase	Thema	Sozialform	Kompetenzen und Lernziele	Materialien
Voraussetzungen: Kenntnis der gesamten Novelle				
7.1	Nathanaels Gedicht als Auslöser für schülereigene Schreibversuche	UG / EA	• Kreativ Texte im Sinne literarischen Probehandelns gestalten und zur Texterschließung verwenden	VORLAGE 7a ➤ S. 61
7.2	Nathanael als Parodie eines romantischen Dichters	EA / PA / UG	• Literaturgeschichtliches Überblickswissen erwerben und in die Texterschließung einbeziehen	ARBEITSBLATT 7a ➤ S. 65 VORLAGE 7b ➤ S. 62
7.3	Das serapiontische Prinzip und die Fantastik	PA / UG	• Synchrone Zusammenhänge zwischen literarischen Texten ermitteln und zum Textverständnis einsetzen	ARBEITSBLATT 7b ➤ S. 66
7.4 fakultativ	Die Novelle *Der Sandmann* zwischen Romantik und Aufklärung	Arbeitsteilige GA / UG	• Den besonderen poetischen Anspruch und die ästhetische Qualität des *Sandmann* mit Kenntnissen zur Poetologie und Ästhetik erläutern	VORLAGE 7c ➤ S. 63 TAFELBILD 7 ➤ S. 64
HA	Merkmale der Romantik	EA		ARBEITSBLATT 7a ➤ S. 65

7.1 Nathanaels Gedicht als Auslöser für schülereigene Schreibversuche

UG / EA

VORLAGE 7a ➤ S. 61

Unterrichtsschritt. Die Lehrkraft führt die Lerngruppe im Unterrichtsgespräch über die Frage nach der beruflichen Tätigkeit Nathanaels (Student an einer naturwissenschaftlichen Fakultät: Physik) zu dessen eigentlicher Leidenschaft als Verfasser poetischer Texte. Nathanael verfügt über eine Sammlung von eigenen literarischen Werken, die er in seinem Schreibpult versteckt hält. Im Nachvollzug des in der Novelle angesprochenen Gedichts (23,13–24,2) in eigener Gestaltung (mittels der VORLAGE 7a ***Nathanaels Gedicht***) begreifen die Schülerinnen und Schüler, dass der Text ohne Wirklichkeitsbezug einzig auf die inneren Bilder und Angstvisionen Nathanaels referiert, und stoßen dabei auf den Begriff »Feuerkreis« (23,23), der wiederum zu seinen letzten Worten gehört (42,4), bevor er sich in den Tod stürzt. Unter Einbezug des Novellenschlusses erarbeitet sich die Lerngruppe einen ersten Blick auf eine weitere Lesart der Novelle: die Gefährdung des (romantischen) Künstlers, der aus der Einseitigkeit einer absolut gesetzten Fantasiewelt nicht mehr herausfindet und als Opfer seiner einsamen, ausufernden Einbildungskraft schließlich wahnsinnig wird und Selbstmord begeht.

VORLAGE 7a

Nathanaels Gedicht

Das Gedicht Nathanaels über seine Beziehung zu Clara und über Coppelius' Macht über ihn ist in der Novelle lediglich als Zusammenfassung wiedergegeben. Versuchen Sie aus dieser Zusammenfassung ein ›Original‹ zu rekonstruieren. Da es ein wirkliches Original nicht gibt, besteht für Sie die künstlerische Freiheit, aus den Hinweisen zum Inhalt (vgl. 23,13–24,2) einen kurzen Prosatext zu schreiben. Die folgenden Anregungen können Sie als Einstieg übernehmen, vermischen oder durch einen eigenen Anfang ersetzen. Entscheiden Sie sich bei der Angabe von Alternativen für eine der beiden Erzählformen (Ich-/Er-Form). Beachten Sie bei der Rekonstruktion des ›Originals‹, dass Nathanael von dem düsteren Inhalt seines eigenen Gedichts zunächst schockiert ist und sich entsetzt fragt: »Wessen grauenvolle Stimme ist das?«

1. *»Coppelius hat dich getäuscht, das waren ja nicht meine Augen, die so in deiner Brust brannten, das waren ja glühende Tropfen deines eignen Herzbluts«, hörte ich/Nathanael Clara durch das Tosen der Meereswellen rufen. Schon peitschte der Orkan neue Wogen heran, die wie schwarze, weißhauptige Riesen gegen meine/seine Brust schlugen, in die sich ein glühender Schmerz hineingefressen hatte …*

2. *»Und bist du des Willens, Clara das Eheversprechen zu geben, so sprich mir nach: Ich nehme dich an als meine Frau …« Auf einmal verloren sich die Worte des Pfarrers im Widerhall des riesigen Kirchenschiffs, das wie in einem Orkan vom Brausen einer imaginären Brandung durchflutet schien. Ich/Nathanael registrierte noch die nicht enden wollende tonlose Bewegung der Lippen des Geistlichen, sah seinen fragenden und immer fassungsloser werdenden Gesichtsausdruck, der sich plötzlich zu einer Fratze verzerrte …*

Erläuterungen. Der Begriff »Feuerkreis« (42,4), bereits im Erstdruck 1816/17 gesperrt gedruckt, entstammt keiner Begegnung Nathanaels mit der Außenwelt – also auch nicht den Begegnungen Nathanaels mit Coppola/Coppelius –, sondern geht zurück auf Nathanaels »grauenvolle[s]« (24,9) Gedicht; es entspringt also seiner eigenen Fantasiewelt bzw. dem Unbewussten, dass sich in einer eigenen Sprache zu Wort meldet. In der aktuellen Situation auf der Galerie hat sich diese Fantasiewelt so vollständig im Innern des Wahnsinnigen ausgebreitet, dass selbst die Wortwahl dem isolierten Code einer eigenen Fantasiewelt entstammt.

7.2 Nathanael als Parodie eines romantischen Dichters

Unterrichtsschritt. Mit Hilfe des ARBEITSBLATTS 7a ***Die Romantik – Charakterisierung einer Epoche in Kurzform*** sammelt die Lerngruppe Informationen zur Epoche. Anhand etlicher Merkmale dieser kurzen Epochenbeschreibung erfolgt in Einzel- oder Partnerarbeit eine Einordnung des Protagonisten als (studentischer) romantischer Dichter, die mit Hilfe des Gedichts über »sein Liebesglück« (23,14) und anhand wesentlicher Merkmale seines Charakters, seines Verhaltens und seines Weltbilds vertieft wird. Da dieser Text einige zentrale Merkmale der Romantik zusammenfasst, kann er als Vorlage zum eigenständigen Zusammenstellen eines Merkmalkatalogs dienen. Zusätzlich können diese anhand des Gemäldes von Caspar David Friedrich ***Der Wanderer über dem Nebelmeer*** (VORLAGE 7b) veranschaulicht werden.

EA / PA / UG

ARBEITSBLATT 7a ➤ S. 65
VORLAGE 7b ➤ S. 62

Erläuterungen. Indem die Schülerinnen und Schüler aus dieser neuen Perspektive das Ende des Gedichts (»es ist der Tod, der mit Claras Augen ihn freundlich anschaut«, 24,1 f.) und Nathanaels heftige Vorwürfe gegen Clara (»Du lebloses, verdammtes Automat!«, 25,3 f.) neu bewerten, begreifen sie den Beziehungskonflikt zusätzlich als Konflikt einer typisch romantischen Künstlernatur mit einer nüchtern und rational denkenden Bürgerseele. Die geraffte Zusammenstellung von Merkmalen der Romantik auf dem ARBEITSBLATT 7a erleichtert der Lerngruppe ferner den Nachvollzug einer Gefährdung des romantischen Künstlers, etwa wenn die missionarische Überzeugung von einer rational nicht erfahrbaren Welt hinter den Dingen jegliche Kommunikation mit der Verlobten sabotiert, wenn der Weg nach innen zur gänzlichen Selbstisolation führt oder wenn der narzisstische Künstler in der Verherrlichung seiner grenzenlosen Autonomie sich selbst zum Problem wird. Was in der Kindheit bereits als aus-

VORLAGE 7b Caspar David Friedrich (1774–1840), *Der Wanderer über dem Nebelmeer*, um 1818

ufernde Einbildungskraft angelegt ist – die Flucht in Fantasien, die Vorstellung vom Wirken wunderbarer und dämonischer Mächte –, wird zur Quelle seiner literarischen Eingebungen, aber auch zur Ursache seines Scheiterns, weil er nicht mehr zwischen Imagination und Realität unterscheiden kann. Das Unterrichtsgespräch muss über die hier angedeuteten Erkenntnisziele hinaus auch die ironischen Übertreibungen Hoffmanns sichtbar machen – und damit seine »Parodie auf diesen enthusiastischen romantischen Möchtegern-Dichter« (Nachwort in: E. T. A. Hoffmann, *Der Sandmann. Studienausgabe*, hrsg. von Ulrich Hohoff, Stuttgart 2018, S. 181). – Aus dem Konflikt zwischen Nathanael und Clara wird in dieser Deutungsvariante der Konflikt des romantischen Dichters mit seiner bürgerlich-philiströsen Umgebung, in die er hineinheiratet. Sein visionäres Gedicht vom Scheitern der Beziehung endet mit dem Bild vom Blick des Todes aus Claras Augen und damit der Befürchtung Nathanaels, dass die Ehe mit Clara das Ende seiner »poetischen« Weltsicht und damit das Ende einer Selbstverwirklichung als Schriftsteller bedeuten würde.

Erläuterungen zu VORLAGE 7b. Der Nebel verdeckt und umhüllt das Tal und damit die von Menschen bewohnte Welt, die der Wanderer hinter sich gelassen hat. Um ihn herum eine grandiose Gebirgslandschaft, in deren Anblick der städtisch gekleidete Mann versunken ist. Die wie Inseln aus dem Nebelmeer ragenden Berggipfel verstärken den Eindruck von Einsamkeit. Die Rückenfigur lädt zur Identifikation ein und leitet den Betrachter zum inneren Erleben des Wanderers und damit zur Welt seiner Gefühle und Gedanken.

7.3 Das serapiontische Prinzip und die Fantastik

Unterrichtsschritt. Anhand des ARBEITSBLATT 7b ***Das serapiontische Prinzip E.T.A. Hoffmanns und die Fantastik*** erarbeiten sich die Schülerinnen und Schüler eine präzise Vorstellung zum Verhältnis von Wirklichkeit und poetischer Imagination beim romantischen Erzählen.

PA / UG

ARBEITSBLATT 7b
➤ S. 66

Erläuterungen. Hoffmann geht von einer »Duplizität« von Innenwelt und Außenwelt aus; dabei ist es die Außenwelt, in die wir – einem Gefängnis ähnlich – »eingeschachtet« sind, die aber die Fantasien und damit die dichterischen Imaginationen auslöst. Wenn er zugleich fordert, dass diese inneren Bilder und Visionen, aus denen der romantische Dichter seine Fantasiewelt, sein fiktives Universum entstehen lässt, tatsächlich vor seinem inneren Auge aufgegangen sein müssen (»mit aller Lust, mit allem Entsetzen, mit allem Jubel, mit allen Schauern«), als seien sie lebendige Welt, sieht er den romantischen Dichter offenbar auf einer Gratwanderung zwischen Realität und Fantasiewelt – mit dem Risiko des Absturzes, wie er anschaulich am Schicksal eines geistesgestörten Einsiedlers zeigt, der den »Hebel« vergessen hat, der ihn in die Wirklichkeit zurückversetzt.

7.4 Die Novelle *Der Sandmann* zwischen Romantik und Aufklärung (fakultativ)

Unterrichtsschritt. Die Schülerinnen und Schüler wiederholen in arbeitsteiliger Gruppenarbeit (VORLAGE 7c ***»Der Sandmann« zwischen Romantik und Aufklärung***) einige Aspekte aus der bisherigen Unterrichtseinheit zum *Sandmann* und bereiten eine Präsentation (maximal 2 Minuten) vor. Diese Präsentationen und eine eventuell notwendige Ergänzung im Unterrichtsgespräch bilden die Grundlage für das abschließende TAFELBILD 7, das die Komplexität der Novelle in einer Gesamtschau visualisiert. Dieser Unterrichtsschritt erfordert eine zusätzliche Unterrichtsstunde.

Arbeitsteilige GA / UG

VORLAGE 7c
➤ S. 63
TAFELBILD 7
➤ S. 64

VORLAGE 7c

Der Sandmann zwischen Romantik und Aufklärung

Arbeitsaufträge für die Gruppen:

1. Nathanaels Werdegang als Stationen eines psychopathologischen Falls
2. Das innere Erleben Nathanaels, dargestellt mit den Mitteln der Schauerromantik
3. Nathanaels erster Brief als Anamnese (Vorgeschichte) einer psychischen Erkrankung
4. Analyse und Therapie der psychischen Erkrankung durch Clara
5. Olimpia – eine künstliche Frau als Sehnsuchtsobjekt
6. Die bürgerliche Gesellschaft – gefangen in den eigenen Normen
7. Verunsicherung des Lesers durch die erzähltechnisch unterstützte Gratwanderung zwischen den Wirklichkeiten der Innen- und Außenwelt Nathanaels
8. *Der Sandmann* als Künstlernovelle: Nathanael als Prototyp eines romantischen Dichters zwischen bürgerlicher Welt und Künstlertum
9. Das Augenmotiv als zentrales Motiv der Novelle: Stellen Sie eine tabellarische Übersicht von wenigstens acht Textstellen und jeweiligen Erläuterungen zusammen, die die Entwicklung des Motivs innerhalb der Novelle verdeutlicht.

TAFELBILD 7

Der Sandmann: Überblick der Themen und Motive

E. T. A. Hoffmann zwischen Aufklärung und Romantik

Erster Brief Nathanaels als Anamnese:
- Angst vor dem Sandmann
- Traumatische Urszene
- Ungeklärter Tod des Vaters

Brief Claras als Diagnose und laienhafte Therapie:
- Ungehobeltes Verhalten des Coppelius
- Zurückweisung der Ängste N.s als Fantasie
- Konzentration auf Beruf und Außenwelt

Moderne Erzähltechnik (Mehrdimensionalität, Perspektivwechsel, Widersprüche):
- Fehlende Eindeutigkeit
- Verunsicherung des Lesers
- Einblicke ins Unbewusste

Ambivalenz des romantischen Dichters zwischen Bürgertum und Künstlertum (= exzentrischer Außenseiter):
- Gefährdung durch Verselbständigung der inneren Welt
- Kritische Distanz Hoffmanns

Außenwelt

Nathanaels Werdegang als Krankheitsgeschichte mit den damaligen Kenntnissen der PSYCHIATRIE

Innenwelt

Einblick in die eingebildete Welt des Kranken mit den Mitteln der PHANTASTIK und SCHAUERROMANTIK

Augenmotiv als
- Krankheitssymptom (N.s Angst vor Augenraub)
- Wahrnehmungsproblem (Verkennen von Welt und eigener Identität)

Steigerung der Krankheitssymptome:
- Verselbständigung der inneren Bilder bis zum Wahnsinn

Olimpia-Handlung:
- Künstliche Menschen als technische Wunderwerke
- Fehlende Trennschärfe zwischen Mensch und Maschine als Resultat von gesellschaftlicher Überanpassung

Kritik am Bürgertum:
- Spießbürgerliche Lebenskonzepte
- Häusliches Glück als Scheinwelt
- Menschen wie Marionetten

Erläuterungen zu TAFELBILD 7. Es soll daraus abzulesen sein, dass E. T. A. Hoffmanns *Sandmann* zwar der Romantik zuzuordnen ist, dass aber die fantastische Welt immer wieder eingefangen und gebrochen wird von scharfsinnigen Analysen, von diversen Mitteln einer Distanzierung und von einer verwirrenden Multiperspektivität, die einen aufgeklärten, geradezu modernen Blick des Verfassers sichtbar machen. – Da dieser Überblick kaum an der Tafel realisiert werden kann, ist es sinnvoll, eine Metaplantafel oder eine Pinnwand zu verwenden, die bereits mit der entsprechenden Struktur vorbereitet werden kann.

Hausaufgabe

ARBEITSBLATT 7a ➤ S. 65

Markieren Sie wenigstens sechs zentrale Merkmale der Romantik im Text des ARBEITSBLATT 7a, und stellen Sie sie in möglichst griffiger eigener Formulierung in alphabetischer Reihenfolge neu zusammen.

ARBEITSBLATT 7a

Die Romantik – Charakterisierung einer Epoche in Kurzform

Kaum eine Formulierung charakterisiert die Epoche der Romantik (1795–1830) prägnanter als der Ausdruck »Sehnsucht nach Entgrenzung und unerreichbarer Ferne«. Diese romantische Sehnsucht nach Überwindung alltäglicher Begrenzungen richtet sich nicht auf ein konkretes Ziel, sondern soll als Lebensgefühl erhalten bleiben, darf sich also nicht erfüllen. Reisen und Wandern als typische Motive der Romantik führen also in der Regel nicht zu einem bestimmten Ziel, sondern bleiben Sehnsüchte nach idealisierten Traumgegenden wie Arkadien, einer antiken Traumlandschaft. Mit Entgrenzung ist nicht nur die Überwindung einschränkender Realitäten im »philisterhaften« Alltag gemeint, vielmehr erfordert das Streben nach einem anderen, einem höheren Sein eine Art Bewusstseinserweiterung durch die Überwindung realer menschlicher Lebenswelten und Erfahrungsräume. Denn nach der Überzeugung der Romantik gibt es hinter der rational erfahrbaren Welt eine ursprünglichere Welt, die der Vernunft nicht zugänglich ist. Diese Gegenwelt kann erfahren werden durch Traum und Fantasie, durch die Natur als Spiegel der menschlichen Seele, durch Ahnung und Gefühl, durch Kindheit und Tod, durch Liebe und Wunder, durch Erfahrungen des Göttlichen und des Dämonischen. Auf der Suche nach der erstrebten Ganzheitlichkeit von Vernunft und Gefühl, Traum und Wirklichkeit, Endlichem und Unendlichem kommt der Dichtkunst die wichtige Rolle einer Vermittlerin zwischen den getrennten Welten zu. Die Aufgaben der Poesie beschrieb der frühromantische Dichter Novalis so:

> »Die Welt muss romantisiert werden. So findet man den ursprünglichen Sinn wieder […]. Indem ich dem Gemeinen einen hohen Sinn, dem Gewöhnlichen ein geheimnisvolles Ansehn, dem Bekannten die Würde des Unbekannten, dem Endlichen einen unendlichen Schein gebe, so romantisiere ich es.«
>
> Novalis: Schriften. Die Werke von Friedrich von Hardenberg. Hrsg. von Richard Samuel [u. a.]. Bd. 2: Das philosophische Werk. Stuttgart: Kohlhammer, 1965. S. 545.

Wenn die Grenzen aller bisher gültigen Realitätserfahrungen überwunden werden sollen, bedarf es einer unbedingten dichterischen Freiheit, die weder am Prinzip der Naturnachahmung klebt noch an poetischen oder ethischen Normen. Ein Realitätsbezug wird also aufgegeben zugunsten der schöpferischen Einbildungskraft des Künstlers, der auf der Suche nach dem Unbekannten, dem Geheimnisvollen, dem Unendlichen eine neue Wirklichkeit erschafft. Die Vorstellung von der Welt reicht bis ins Unermessliche und Unaussprechliche, insbesondere wenn sich dieses Weltbild über Träume oder Visionen öffnet zur inneren Natur des Menschen mit ihren Abgründen des Unbewussten – und damit zu einer Welt, die erst hundert Jahre später mit Sigmund Freud zum Gegenstand von Forschung und Wissenschaft wurde. Zu dieser Reise ins Innere noch einmal Novalis:

> »Wir träumen von Reisen durch das Weltall – Ist denn das Weltall nicht *in uns*? Die Tiefen unsers Geistes kennen wir nicht – Nach Innen geht der geheimnisvolle Weg. In uns, oder nirgends ist die Ewigkeit mit ihren Welten – die Vergangenheit und Zukunft. Die Außenwelt ist die Schattenwelt – Sie wirft ihren Schatten in das Lichtreich.«
>
> Novalis: Fragmente und Studien. Die Christenheit oder Europa. Hrsg. von Carl Paschek. Stuttgart: Reclam, 1984 [u. ö.], S. 8. (17. Fragment, 1797.)

Arbeitsaufträge:

1. Informieren Sie sich nach der Lektüre dieser kurzen Epochenkennzeichnung (und nach evtl. weiteren Recherchen) noch einmal über die im *Sandmann* beschriebene Entstehung, den Inhalt und die Wirkung von Nathanaels Gedicht (*Sandmann*, Reclam XL, 23,13–24,2), ferner über die Lesungen Nathanaels für Olimpia (35,14–35). – Markieren Sie anschließend solche Merkmale aus der Epochenkennzeichnung, die Nathanael in seinen Schreibversuchen und darüber hinaus in seinem Charakter und Verhalten als einen Vertreter der romantischen Poesie ausweisen.
2. Interpretieren Sie unter der Annahme, bei Nathanael handle es sich um einen solchen romantischen Künstler, den Konflikt mit Clara neu. Berücksichtigen Sie dabei auch die Kritik E. T. A. Hoffmanns an der bürgerlichen Gesellschaft.

*3. Versuchen Sie aus dieser veränderten Perspektive das Ende von Nathanaels dramatischem Gedicht zu interpretieren:
   »Aber durch dies wilde Tosen hört er Claras Stimme: ›Kannst du mich denn nicht erschauen? […] sieh mich doch nur an!‹ – Nathanael denkt: das ist Clara, und ich bin ihr Eigen ewiglich. – Da ist es, als fasst der Gedanke gewaltig in den Feuerkreis hinein, dass er stehen bleibt, und im schwarzen Abgrund verrauscht dumpf das Getöse. Nathanael blickt in Claras Augen; *aber es ist der Tod, der mit Claras Augen ihn freundlich anschaut.*« 23,29–24,2, Hervorhebungen M. K.

*4. Weisen Sie anhand der Figurenkonzeption Nathanaels als romantischer Dichter die Skepsis E. T. A. Hoffmanns gegenüber einer typisch romantischen Künstlernatur nach.

2019 Reclam Verlag / Max Kämper

Das serapiontische Prinzip E.T.A. Hoffmanns und die Fantastik

In der Erzählsammlung *Die Serapionsbrüder* (1818–21) entwickelt E.T.A. Hoffmann einige Prinzipien zum romantischen Erzählen. Auslöser für diese als »serapiontisches Prinzip« bekannt gewordenen Kriterien ist die Begegnung mit einem geistesgestörten Einsiedler in den Tiroler Alpen, der sich für den heiligen Serapion hält, einen um 195 n.Chr. unter dem römischen Kaiser Septimius Severus hingerichteten christlichen Märtyrer aus Mazedonien. Aus der Leidenschaft und Farbigkeit, mit welcher der Verrückte von seinen inneren Bildern und Visionen erzählt (»wie sie nur der geistreichste, mit der feurigsten Fantasie begabte Dichter anlegen, durchführen kann«), werden entsprechende Forderungen an ein romantisches Erzählen abgeleitet, das ebenso sprühend, fantastisch und eindringlich sein müsse. – Hoffmann geht dabei von einer »Duplizität« von Innenwelt und Außenwelt aus, also einem Nebeneinander der Sphäre reiner Imagination des Dichters und der realen Welt, die solche Imaginationen auslöst. Diese inneren Bilder und Visionen, aus denen der romantische Dichter seine Fantasiewelt, sein fiktives Universum entstehen lässt, müssen so intensiv und dicht vor seinem inneren Auge aufgegangen sein (»mit aller Lust, mit allem Entsetzen, mit allem Jubel, mit allen Schauern«), als seien sie lebendige Welt. Nur mit der leidenschaftlichen Überzeugung von der Wahrhaftigkeit dessen, was er »erschaute«, könne der Dichter seine Erzählungen so gestalten, dass der Leser davon hingerissen sein wird. Indem diese Welt reiner Imagination den Dichter aber gefangen hält und ihn immer mehr besetzt, bestehe freilich auch das Risiko, darüber wahnsinnig zu werden, wie es das Schicksal jenes Einsiedlers zeige.

»Dein Einsiedler […] war ein wahrhafter Dichter, er hatte das wirklich geschaut was er verkündete, und deshalb ergriff seine Rede Herz und Gemüt. – Armer Serapion, worin bestand dein Wahnsinn anders, als dass irgendein feindlicher Stern dir die Erkenntnis der Duplizität geraubt hatte, von der eigentlich allein unser irdisches Sein bedingt ist. Es gibt eine innere Welt und die geistige Kraft, sie in voller Klarheit, in dem vollendetsten Glanze des regesten Lebens zu schauen, aber es ist unser irdisches Erbteil, dass eben die Außenwelt in der wir eingeschachtet, als der Hebel wirkt, der jene Kraft in Bewegung setzt. Die innern Erscheinungen gehen auf in dem Kreise, den die äußeren um uns bilden und den der Geist nur zu überfliegen vermag in dunklen geheimnisvollen Ahnungen, die sich nie zum deutlichen Bilde gestalten. Aber du, o mein Einsiedler, statuiertest keine Außenwelt, du sahst den versteckten Hebel nicht, die auf dein Inneres einwirkende Kraft; […]. Dein Leben, lieber Anachoret, war ein steter Traum, […].«

E.T.A. Hoffmann: Poetische Werke in sechs Bänden. Hrsg. von Gerhard Seidel. Berlin: Aufbau-Verlag, 1958. Bd. 3: Die Serapionsbrüder. S. 67–69.

Arbeitsaufträge:

1. Nennen Sie die Kriterien, die nach E.T.A. Hoffmann romantisches Erzählen ausmachen.
2. Klären Sie insbesondere das Verhältnis von Wirklichkeit (Außenwelt) und Fantasie (Innenwelt).
3. Ermitteln Sie aus dem Schicksal des Einsiedlers, der sich für Serapion hält, die Ursache von dessen Wahnsinn. Mit welchem Bild veranschaulicht Hoffmann diese Ursache?
4. Übertragen Sie dieses Bild auf den Werdegang Nathanaels.

2019 Reclam Verlag / Max Kämper

8 Am Modell lernen: Aufsatztraining

8.1 Erschließung und vergleichende Interpretation eines poetischen Textes

Klausuraufgabe

1. Erschließen und interpretieren Sie den Abschnitt *Sandmann*, Reclam XL, 28,24–30,8 (»Er ergriff ein …« bis »… finstrer, hoffnungsloser Nacht?«). Verdeutlichen Sie dabei auch den Stellenwert dieser Szene für den weiteren Werdegang des Protagonisten.
2. Vergleichen Sie die Wichtigkeit des Perspektivs in diesem Text mit der Bedeutung des Fernrohrs im Textauszug aus Bertolt Brechts Drama *Leben des Galilei* (1938/39).

Textauszug aus: Bertolt Brecht, *Leben des Galilei*

Der Textausschnitt stammt aus der dritten Szene des Dramas, die am 10. Januar 1610 im Studierzimmer des Universalgelehrten Galileo Galilei (1564–1642) in der italienischen Stadt Padua spielt. Galilei zeigt seinem Freund Sagredo Erscheinungen am Himmel, die er mit seinem neuen Fernrohr entdeckt hat. Da diese Erscheinungen das von der katholischen Kirche verbotene Kopernikanische Weltsystem beweisen, warnt Sagredo seinen Freund vor einer Veröffentlichung seiner Forschungsergebnisse.

»GALILEI. […] Ich werde dir noch etwas anderes zeigen.

SAGREDO. *zögert, an das Fernrohr zu gehen:* Ich verspüre beinahe etwas wie Furcht, Galilei.

GALILEI. Ich werde dir jetzt einen der milchweiß glänzenden Nebel der Milchstraße vorführen. Sage mir, aus was er besteht!

SAGREDO. Das sind Sterne, unzählige.

GALILEI. Allein im Sternbild des Orion sind es 500 Fixsterne. Das sind die vielen Welten, die zahllosen anderen, die entfernteren Gestirne, von denen der Verbrannte* gesprochen hat. Er hat sie nicht gesehen, er hat sie erwartet!

SAGREDO. Aber selbst wenn diese Erde ein Stern ist, so ist es noch ein weiter Weg zu den Behauptungen des Kopernikus, daß sie sich um die Sonne dreht. Da ist kein Gestirn am Himmel, um das ein andres sich dreht. Aber um die Erde dreht sich immer noch der Mond.

GALILEI. Sagredo ich frage mich. Seit vorgestern frage ich mich. Da ist der Jupiter. *Er stellt ihn ein.* Da sind nämlich vier kleinere Sterne nahe bei ihm, die man nur durch das Rohr sieht. Ich sah sie am Montag, nahm aber nicht besondere Notiz von ihrer Position. Gestern sah ich wieder nach. Ich hätte schwören können, alle vier hatten ihre Position geändert. Ich merkte sie mir an. Sie stehen wieder anders. Was ist das? Ich sah doch vier. *In Bewegung:* Sieh du durch!

SAGREDO. Ich sehe drei.

GALILEI. Wo ist der vierte? Da sind die Tabellen. Wir müssen ausrechnen, was für Bewegungen sie gemacht haben können.

Sie setzen sich erregt zur Arbeit. Es wird dunkel auf der Bühne, jedoch sieht man weiter am Rundhorizont den Jupiter und seine Begleitsterne. Wenn es wieder hell wird, sitzen sie immer noch, mit Wintermänteln an.

GALILEI. Es ist bewiesen. Der vierte kann nur hinter den Jupiter gegangen sein, wo man ihn nicht sieht. Da hast du ein Gestirn, um das ein anderes sich dreht.

SAGREDO. Aber die Kristallschale, an die der Jupiter angeheftet ist?

GALILEI. Ja, wo ist sie jetzt? Wie kann der Jupiter angeheftet sein, wenn andere Sterne um ihn kreisen? Da ist keine Stütze im Himmel, da ist kein Halt im Weltall! Da ist eine andere Sonne!

* Knapp zehn Jahre zuvor wurde der Naturphilosoph Giordano Bruno (1548–1600) in Rom als Ketzer verbrannt, weil er die Unendlichkeit und Ewigkeit des Weltraums postulierte und eine neue Gottesvorstellung vertrat.

SAGREDO. Beruhige dich! Du denkst zu schnell.

GALILEI. Was, schnell! Mensch, reg dich auf! Was du siehst, hat noch keiner gesehen. Sie hatten recht!

SAGREDO. Wer? Die Kopernikaner?

GALILEI. Und der andere! Die ganze Welt war gegen sie, und sie hatten recht. [...]

SAGREDO. Hast du allen Verstand verloren? Weißt du wirklich nicht mehr, in was für eine Sache du kommst, wenn das wahr ist, was du da siehst? Und du es auf allen Märkten herumschreist: daß die Erde ein Stern ist und nicht der Mittelpunkt des Universums?

GALILEI. Ja, und daß nicht das ganze riesige Weltall mit allen Gestirnen sich um unsere winzige Erde dreht, wie jeder sich denken konnte!

SAGREDO. Daß da also nur Gestirne sind! – Und wo ist dann Gott? [...]

GALILEI. In uns oder nirgends!

SAGREDO. *schreiend:* Wie der Verbrannte gesagt hat?

GALILEI. Wie der Verbrannte gesagt hat!

SAGREDO. Darum ist er verbrannt worden! Vor noch nicht zehn Jahren!

GALILEI. Weil er nichts beweisen konnte! Weil er es nur behauptet hat! [...]

SAGREDO. Galilei, ich habe dich immer als einen schlauen Mann gekannt. Siebzehn Jahre in Padua und drei Jahre in Pisa hast du Hunderte von Schülern geduldig das Ptolemäische System gelehrt, das die Kirche verkündet und die Schrift bestätigt, auf der die Kirche beruht. Du hast es für falsch gehalten mit dem Kopernikus, aber du hast es gelehrt.

GALILEI. Weil ich nichts beweisen konnte.

SAGREDO. *ungläubig:* Und du glaubst, das macht einen Unterschied?

GALILEI. Allen Unterschied! Sieh her, Sagredo! Ich glaube an den Menschen, und das heißt, ich glaube an seine Vernunft! Ohne diesen Glauben würde ich nicht die Kraft haben, am Morgen aus meinem Bett aufzustehen.

SAGREDO. Dann will ich dir etwas sagen: ich glaube nicht an sie. Vierzig Jahre unter den Menschen haben mich ständig gelehrt, daß sie der Vernunft nicht zugänglich sind. Zeige ihnen einen roten Kometenschweif, jage ihnen eine dumpfe Angst ein, und sie werden aus ihren Häusern laufen und sich die Beine brechen. Aber sage ihnen einen vernünftigen Satz und beweise ihn mit sieben Gründen, und sie werden dich einfach auslachen.«

Bertolt Brecht: Leben des Galilei. Schauspiel.
Frankfurt a. M.: Suhrkamp, 77 2016. S. 31–34.

Lösungsvorschlag

Gliederung

1 Handlungsverlauf
2 Sprache und Erzähltechnik
  2.1 Übersicht
  2.2 Nebeneinander von zwei Wirklichkeiten
3 Figurengestaltung
  3.1 Nathanaels Traumatisierung
  3.2 Kauf und Bedeutung des Perspektivs für den psychisch Instabilen
4 Szenenausschnitt aus Bertolt Brecht: *Leben des Galilei*
  4.1 Gang der Handlung
  4.2 Die Bedeutung des Fernrohrs im Vergleich zum *Sandmann*
5 Gefährdungen der Protagonisten

1 Handlungsverlauf

In diesem Textauszug kauft Nathanael dem piemontesischen Wetterglashändler Coppola ein Perspektiv ab und verliebt sich beim ersten Blick durch dieses Taschenfernrohr in Olimpia, die angebliche Tochter seines Professors Spalanzani, die seit Tagen regungslos am Fenster des benachbarten Hauses sitzt.

Da Olimpia mit Hilfe des optischen Instruments plötzlich in seine unmittelbare Nähe gerückt ist, entdeckt Nathanael die überraschende Schönheit der Professorentochter und ist wie gebannt von der Strahlkraft ihrer Augen. Er bezahlt Coppola den verlangten Preis und erschrickt angesichts des merkwürdigen Verhaltens des Italieners vorübergehend über seine eigene Entscheidung. Diese bedrückenden Gedanken vertreibt er aber mit der Erinnerung an seine Verlobte Clara, die ihn angesichts seiner ängstlich-deprimierten Grundstimmung zu positivem Denken aufgefordert hatte. Dennoch kann er den begonnenen Brief an sie nicht fortsetzen, weil das soeben durch das Perspektiv wahrgenommene Bild von Olimpia sich so nachdrücklich in seinem Kopf festgesetzt hat, dass er erneut zu dem Fernrohr greift. In den nächsten Tagen bleibt die Gardine in Olimpias Zimmer zugezogen, so dass Nathanael immer unruhiger wird, weil seine schmachtende Sehnsucht nach dem Frauenbild im Fenster gegenüber unerfüllt bleibt, obwohl er tagelang auf der Lauer liegt. Mit ausgedehnten Spaziergängen bis vor das Stadttor versucht er seine Liebesnot zu vertreiben, aber Olimpias Bild lässt ihn auch inmitten der Natur nicht los und hat längst sein inneres Bild von Clara verdrängt.

2 Sprache und Erzähltechnik

2.1 Übersicht

Die erzählerische Gestaltung erschöpft sich keineswegs in einer gerafften Darstellung der Handlung durch Erzählerbericht, sondern erfolgt durch häufige Perspektivwechsel und vielfältige Darstellungsmittel geradezu modern. Die recht breite Beschreibung des Eindrucks, den Nathanael von Olimpia gewinnt, verlangsamt das Erzähltempo und verlagert mit dem Perspektivwechsel die Aufmerksamkeit des Lesers auf das Innere des Protagonisten. Die anschließende kurze szenische Gestaltung mit den Worten Coppolas reißt den in den Anblick Olimpias vertieften Nathanael gleich in mehrfacher Hinsicht »wie aus tiefem Traum« (29,3). Denn dieser Einbruch der Realität erfolgt als harter Schnitt mit einer Geldforderung (»Tre Zechini – drei Dukat«, 29,4) des Kleinhändlers, vorgetragen als akustische Dissonanz (»mit seiner widerwärtigen heisern Stimme«, 29,7) und begleitet von einem »hämischen Lächeln« (29,8). Kein Wunder also, dass der aus seinem schönen Traum Gerissene das Geschäftliche möglichst schnell abschließen will, auch wenn er in einer plötzlichen Ahnung von Unheil seinen Kauf vorübergehend bereut. Diese innere Angst, in einem Zwischenzustand von Gedankenrede und Selbstgespräch dargestellt, wird in einer Wiederholung vertieft und mit den erzählerischen Mitteln der Schwarzen Romantik ins Schaurige verzerrt: »Indem er diese Worte leise sprach, war es, als halle ein tiefer Todesseufzer grauenvoll durch das Zimmer, Nathanaels Atem stockte vor innerer Angst« (29,14–16). Auch wenn sich die Herkunft des Seufzers gleich anschließend aufklärt, dem Leser wird mit diesem Hinweis auf einen tödlichen Ausgang und der Ahnung des Opfers ein kribbliges Gefühl vermittelt.

2.2 Nebeneinander von zwei Wirklichkeiten

Nathanaels Versinken in einer Traumwelt wird mit fließenden Übergängen zwischen einem auktorialen und einem personalen Erzählen vermittelt. In dem Satz »Noch im Leben war ihm kein Glas vorgekommen […]« (28,26 f.) herrscht darüber noch Unklarheit: Spricht hier ein *personaler Erzähler*, hinter dessen Erstaunen über die Schärfe des Fernglases bisherige eigene Lebenserfahrung steht? Oder etwa ein *auktorialer Erzähler*, der in seiner Allwissenheit, seinem Überblick über Nathanaels bisheriges Leben auch Kenntnisse in solchen Dingen besitzt? – Der anschließende Satz »Unwillkürlich sah er hinein in Spalanzanis Zimmer« (28,28 f.) lädt zu dem gemeinsamen Blick von Erzähler und Nathanael durch das Perspektiv Coppolas ein. Das Bild, das sich ihnen bietet, ist trotz der Schärfe des Glases offenbar so wenig sensationell, dass es der Erzähler mit einem »wie gewöhnlich« abtut: »Olimpia saß, wie gewöhnlich, vor dem kleinen Tisch, die Ärme daraufgelegt, die Hände gefaltet« (28,29–31). Der folgende Gedankenstrich markiert allerdings eine doppelte inhaltliche Zäsur: Nicht nur die Art der Wahrnehmung Nathanaels verändert sich, sondern ebenso die Haltung des Erzählers: »Nun erschaute Nathanael erst Olimpias wunderschön geformtes Gesicht« (28,31 f.). Indem der Erzähler diese überraschende Veränderung im Aussehen des Objekts nur dem Blick Nathanaels zuschreibt, trennt er sich von der zuvor noch gleichen Wahrnehmung im gemeinsamen Blick auf das rätselhafte Wesen im Haus gegenüber. In den folgenden Sätzen wird dieser beginnende Prozess der (Selbst-)Täuschung Nathanaels, der »immer schärfer und schärfer durch das Glas hinschaute« (28,33 f.) genauestens festgehalten. Dabei versetzt sich der Erzähler einfühlsam in die Perspektive des Protagonisten, schaut also ebenfalls durch dessen Fernrohr und kann so dessen Sicht wiedergeben. Zugleich unterstreicht der Erzähler jedoch mit sprachlichen Mitteln (Wortwahl, Modus, Vergleich, irrealer Vergleichssatz) seine eigene Distanz zu diesen optischen Eindrücken und betont so den nur subjektiven Charakter der Wahrnehmungen und damit das Irreale: »war es, als gingen«; »Es schien, als wenn«, »wie festgezaubert« (28,34–29,1). Lediglich der Satz »immer lebendiger und lebendiger flammten die Blicke« (28,36 f.) scheint kommentarlos die Wahrnehmung Nathanaels wiederzugeben – verriete hier nicht das Verb »flammten« einen skeptischen Erzähler, der die Gefahr einer auflodernden Liebe und damit heillosen Verstrickung seines Protagonisten bereits unmittelbar zuvor als höchst brisant (»entzündet«, 28,36) eingeschätzt hat. Im Folgenden verdient vor allem der Begriff »die himmlisch-schöne Olimpia« (29,1 f.) weitere Aufmerksamkeit, zumal die Distanzierung des Erzählers hier bereits zur Ironie gesteigert wird.

3 Figurengestaltung

3.1 Nathanaels Traumatisierung

Durch seine erste Begegnung mit Coppola vor kurzer Zeit ist Nathanaels seelische Wunde wieder aufgerissen, die durch traumatische Kindheitserlebnisse mit dem Advokaten Coppelius verursacht wurde, einem recht eigenwilligen Freund der Familie. In Coppola glaubte er zunächst wegen dessen Ähnlichkeit mit Coppelius jenen sadistischen Plagegeist seiner Kindheit wiedererkannt zu haben, hat diese Überzeugung aber mittlerweile korrigiert. Sein Glaube an eine feindliche Macht, die seinen Untergang betreibe, seine Angst vor dem Coppelius seiner Kindheit, der seine Augen rauben wolle und am Tod seines Vaters schuld sei, ist aber ungebrochen. Diese Überzeugung hat auch zu tiefen Rissen in seinem Verhältnis zu Clara geführt. Denn die junge Frau ist durchaus nicht bereit, sich von ihrem Verlobten missionieren zu lassen, der in eine schwere Depression geraten ist. Seine fatalistisch-finstere Weltsicht, wonach der Mensch »nur dunklen Mächten zum grausamen Spiel diene« (21,27 f.), passt so gar nicht zu ihrem heiteren optimistischen Wesen und ihrer Überzeugung von der Willensfreiheit des Menschen.

Vor dem Hintergrund dieser Beziehungskrise kommt es nun zu der im Text dargestellten zweiten Begegnung mit Coppola und dem folgenreichen Erwerb des Taschenfernrohrs.

3.2 Kauf und Bedeutung des Perspektivs für den psychisch Instabilen

Da Nathanael seine Vorbehalte gegenüber dem fliegenden Händler aus dem Piemont revidiert hat, ist er bereit, ihm tatsächlich etwas abzukaufen, und testet eines seiner Taschenperspektive. Die ungewohnte Nähe der jungen Frau in dem Wirklichkeitsausschnitt, den ihm das Fernrohr liefert, irritiert seine Wahrnehmung. Nicht ahnend, dass es sich um einen künstlichen Menschen handelt – eine »Holzpuppe« (34,5) wird sein Freund Siegmund später sagen –, haucht er der Androidin mit dem Wachsgesicht und den starren, leblosen Augen durch sein intensives Betrachten Leben ein: »Doch wie er immer schärfer und schärfer […] hinschaute« (28,33 f.). Der zutiefst narzisstische Student projiziert seine Gefühle, seine Vorstellungen, sein Wunschbild von einer Frau auf sie und glaubt im genauen Wahrnehmen ihre eigentliche Schönheit und die glutvollen Blicke ihrer Augen entdeckt zu haben: »[I]mmer lebendiger und lebendiger flammten die Blicke« (28,36 f.). Das Perspektiv verengt und verzerrt also seine Wahrnehmung und reduziert sein Erkenntnisvermögen zu einem narzisstisch geprägten Verkennen der Wirklichkeit. Sein durch die Traumatisierung vorgeprägtes Unvermögen, zwischen Gegenwart und Vergangenheit, zwischen Realität und Fantasie, zwischen Sein und Schein zu trennen, entwickelt sich in der Benutzung des optischen Instruments zu einem krankhaften Wirklichkeitsverlust, der bereits in diesem Textausschnitt angedeutet wird: Im Nu wird der Blick durch das Perspektiv auf Olimpia zu einer Sucht, die ihn von der Wirklichkeit abzieht und die – bereits hier erkennbar – eine Entfremdung von der Verlobten und später auch von den Freunden bewirkt. Dabei geht es keineswegs nur um den voyeuristischen

Blick in das Zimmer gegenüber – von Anfang an entbrennt Nathanael vor Verlangen nach dem von ihm selbst projizierten Bild auf das Gegenüber, was Hoffmanns Idee mit einer Holzpuppe als Projektionsfläche dieser narzisstischen Wünsche und Vorstellungen besonders grotesk und zugleich tragisch veranschaulicht.

Denn allen Warnungen zum Trotz isoliert sich Nathanael immer mehr von den Mitmenschen, vermeidet die Erfahrung und Auseinandersetzung mit der Realität und lebt nur noch für die Geliebte, deren wenige programmierte Sprachschablonen er als Bestätigung seiner Wahnwelt interpretiert. Sein endgültiger Zusammenbruch wird ausgelöst durch die Zerstörung der Holzpuppe im Streit zwischen ihren Schöpfern Spalanzani und Coppola, mit der Nathanael seinen existentiellen Halt verliert. Im Miterleben dieser Zerstörung zersplittert Nathanaels Bewusstsein, wie die wirren Sprachfetzen seines Gestammels zeigen, in chaotische Partikeln aus Wirklichkeit, Vergangenheit, Fantasie und den Abgründen des Unterbewusstseins. Selbst die anschließende Therapie in einem »Tollhause« (38,23) führt nur zu einer vorübergehenden Heilung.

4 Szenenausschnitt aus Bertolt Brecht: *Leben des Galilei*

4.1 Gang der Handlung

Im Vergleichstext, einem Szenenausschnitt aus Bertolt Brechts Drama *Leben des Galilei* führt die Titelfigur, der italienische Mathematiker und Physiker Galileo Galilei, seinem Freund Sagredo seine neuesten astronomischen Entdeckungen vor, die er der Schärfe eines neuen Fernrohrs verdankt. Zunächst stellen beide fest, dass der Nebel der Milchstraße aus zahllosen Fixsternen besteht, was den Behauptungen des Naturphilosophen Giordano Bruno von zahllosen weit entfernten Gestirnen und damit vielen weiteren Welten entspricht. Anschließend will Galilei ihm vier kleine Sterne in unmittelbarer Nähe des Jupiter zeigen, von denen er annimmt, dass sie in wenigen Tagen ihre Position geändert haben. Doch ist an diesem Tag einer der Sterne verschwunden. Aufgeregt berechnen sie die in Frage kommenden Bewegungen dieser vier Sterne und kommen zu dem Ergebnis, dass der vermisste Stern hinter den Jupiter gewandert ist. Damit ist bewiesen, dass die Gestirne nicht, wie bisher angenommen, an eine Kristallschale angeheftet sind, sondern dass es Gestirne gibt, um die ein anderes Gestirn sich dreht. Diese bahnbrechende Erkenntnis bestätigt das Kopernikanische Weltbild und damit auch die Behauptungen Giordano Brunos, was zu unterschiedlichen Reaktionen der beiden Gelehrten führt. Während Galilei seine Freude über die sensationellen Entdeckungen mit anderen Menschen teilen möchte, ist sich Sagredo des eigenen lebensgefährlichen Risikos bei einer Verbreitung dieser Forschungsergebnisse bewusst. Denn Giordano Bruno wurde erst zehn Jahre zuvor wegen ähnlicher Lehren als Ketzer auf dem Scheiterhaufen verbrannt. Galilei vertraut aber darauf, dass wissenschaftliche Beweise Überzeugungskraft haben, was Sagredo mit Hinweis auf die Unvernunft der Menschen entschieden bezweifelt.

4.2 Die Bedeutung des Fernrohrs im Vergleich zum *Sandmann*

Die Bedeutung der jeweiligen optischen Instrumente könnte in den beiden Texten nicht gegensätzlicher sein. Galilei richtet sein Fernrohr auf die Grenzen der damals bekannten Welt, um diese Grenzen auf der Suche nach neuen Erkenntnissen zu überschreiten und damit auch bisherige Annahmen über die Beschaffenheit der Welt zu überprüfen. Die Verwendung des Fernrohrs erfolgt also aus wissenschaftlichem Interesse, als Erkenntnisgewinn im Sinne einer Aufklärung für die Menschheit. Alles eventuell Unsichere oder bloß Subjektive seiner Wahrnehmung der Wirklichkeit wird durch gemeinsame Berechnungen mit Sagredo sorgfältig ausgeschlossen, um so die neue Erkenntnis über die Wirklichkeit unserer Welt zu verifizieren. So öffnen seine Beobachtungen mit dem Fernrohr den Zugang zu einem neuen Weltbild und damit zu einer neuen Position der Menschheit in der Welt.

Nathanaels Blick bleibt eher zufällig am weiblichen Objekt im Fenster gegenüber hängen. Die Vergrößerung dieses schmalen Ausschnitts aus der Welt dient aber nicht dazu, neue Erkenntnisse über seine Außenwelt zu gewinnen, sondern seiner Selbstbestätigung. Er ist nicht an der Welt und ihren Objekten interessiert, sondern vornehmlich in sich selbst versunken, so dass die Bilder der Wirklichkeit von inneren Bildern und Vorstellungen überlagert, verzerrt, verfälscht werden. Nach dem Streit mit Clara rückt er noch weiter von der Wirklichkeit ab und projiziert in seinem Narzissmus das eigene Idealbild einer Frau (»die himmlisch-schöne Olimpia«, 29,2) auf eine Puppe, die er von da an zu lieben und zu verehren beginnt. In diesem Verkennen der Wirklichkeit verkehrt sich der Zweck eines Fernrohrs ins Gegenteil. Anstatt für Aufklärung zu sorgen, trübt es den Blick des Betrachters und unterstützt einen Prozess, der sich angesichts der überbordenden Fantasie Nathanaels bereits seit der Kindheit abzeichnete: seine endgültige Flucht aus der realen Welt in eine eigene Traumwelt. Das Fernrohr benutzt er dabei wie ein Opernglas bei der Betrachtung der ewigen Inszenierung seiner selbst.

5 Gefährdungen der Protagonisten

Beide Protagonisten unterliegen aus ganz unterschiedlichen Gründen lebensgefährlichen Bedrohungen. Nathanael verirrt sich immer mehr in den Bildern und Vorstellungen seiner psychotischen Innenwelt, die alle Lebensbezüge und schließlich ihn selbst zerstört. Mit seinem Schicksal parodiert Hoffmann den romantischen Künstler, der sich auf der Suche nach einem neuen Wirklichkeitsbegriff als Grenzgänger zwischen Wirklichkeit, Ahnung, Traum und Gefühl in seinen eigenen Fantasiewelten so verstrickt, dass er nicht mehr herausfindet und im Wahnsinn endet.

Galileis Gefährdung erwächst hingegen aus wissenschaftlich gesicherten Beobachtungen der Wirklichkeit, durch die sich eine mächtige Institution, die römisch-katholische Kirche, bedroht sieht. In der vorliegenden Szene will Galilei diese Gefahr nicht wahrhaben, weil er auf die menschliche Vernunft und ihre Offenheit für eine durch Wissenschaft und Forschung gesicherte Beweiskraft vertraut. Ganz anders sein Freund Sagredo, der von der Unvernunft der Menschen und ihrem Hang zu Aberglauben überzeugt ist: »[J]age ihnen eine dumpfe Angst ein, und sie werden aus ihren Häusern laufen [...]. Aber sage ihnen einen vernünftigen Satz und beweise ihn mit sieben Gründen, und sie werden dich einfach auslachen.« Das Verhalten Nathanaels, der seinen abergläubischen Wahn, seinen Irrtum über die Wirklichkeit gegen alle vernünftigen Argumente seiner Freunde verteidigt, scheint ihm Recht zu geben.

Klausuraufgabe

1. Arbeiten Sie die zentralen Aussagen Konrad Schwencks in seiner Rezension (1823) zu E. T. A. Hoffmanns novellistischer Erzählung *Der Sandmann* heraus und analysieren Sie Sprache und Argumentationsstruktur.
2. Beziehen Sie in einer Gegenrezension Stellung zu dem Text, indem Sie Schwencks Aussagen widerlegen und ergänzen.

Textauszug aus einer Rezension von Georg Schwenck

Der Text ist (nach einer Zusammenfassung des Inhalts der Novelle) der zweite Teil einer Rezension von Georg Schwenck zu E. T. A. Hoffmanns Novelle *Der Sandmann* und erschien 1823 in der Zeitschrift *Hermes oder kritisches Jahrbuch der Literatur*.

»Wo soll nun das Schreckhafte, Geisterartige in dieser Erzählung liegen? Das Einzige, was einen Sinn in diese Darstellung brächte, wäre, dass sich die Anschauung daraus ergäbe, wie ein reizbares Gemüt durch das Einwirken eines ihm feindlichen nach und nach könne verstrickt und zu Grunde gerichtet werden. Hier ist aber die Darstellung so ungeschickt und trotz aller groben Pinselstriche so matt, dass kein Interesse, kein Leben sichtbar ist. Denn eine solche Anwendung eines Automats vermag nicht die Wirkung hervorzubringen. Um sich in dasselbe zu verlieben und längere Zeit in seiner Gesellschaft getäuscht zu leben, muss (jedem drängt sich dieses Gefühl auf) schon ein Grad von Verrücktheit stattfinden, der fürs Irrenhaus, nicht für die Poesie passt. Hätte dieser Wahnsinn schon in früherer Leidenschaft und der durch sie bewirkten Zerrüttung seinen Grund, so stünde die Sache ganz anders; hier muss er bloß des Coppelius Einwirkung zugeschrieben werden, die sich aber nicht erklären, gar nicht in diesem Grade denken lässt. Und warum verfolgt denn dieser Mensch den reizbaren Nathanael? Aus bloßer Idiosynkrasie [Abneigung]? Kurz der Wahnsinn des Studenten, die Wirkung des Wetterglashändlers, die Liebe zu dem Automaten sind durchaus nicht motiviert; die letztere drängt sich als lächerlich und unglaublich zugleich auf. Kurz, es fliegen hier einige Fratzen dem Auge vorüber, ohne dass sich eine Bedeutung ergäbe, die durchaus in Nathanaels Gemüt tief begründet erscheinen müsste, nicht aber als bloße Kränklichkeit, die nur medizinisches Mitleid erweckt, und eine scheußliche Beleidigung des Gefühls durch die Rohheit des Advokaten, einen nervenschwachen Menschen zum Narren zu machen, mit sich führt. Denn dass derselbe hier etwas mit seinem widerlichen Gesicht ins Dunkel gestellt wird, fast als gebiete er über dunkle Naturkräfte, kann nichts motivieren, da dergleichen eine leere Erfindung wäre, was der Dichter auch selbst mag gefühlt haben, wenn er sagt: ›Gibt es geheimnisvolle, tätige Kräfte, die mit bedrohlichen Angriffen auf uns zutreten, so kann uns dagegen nur irgend eine Abnormität im geistigen Organism[us] Kraft und Mut zum sieghaften Widerstande rauben, mit einem Wort, nur geistige Krankheit. […]‹ Auch er kann keineswegs an unbedingte Herrschaft eines geistigen Prinzips über das andre glauben, sondern will vielmehr annehmen, dass irgend eine Abhängigkeit, Schwäche des innern Willens oder eine Wechselwirkung stattfinden müsse, die jener Herrschaft Raum gibt. Aus welchem Gesichtspunkte man daher auch Coppelius' Verhältnis zu Nathanael betrachten mag, nirgends zeigt sich eine wahrhaft begründete Einwirkung, die so Schreckliches hervorbringen könnte.«

[Konrad Schwenck:] Ueber E. T. W. Hoffmann's Schriften. In: Hermes oder kritisches Jahrbuch der Literatur. Drittes Stück für das Jahr 1823. S. 108 ff. – Zit. nach: Rudolf Drux: Erläuterungen und Dokumente. E. T. A. Hoffmann, *Der Sandmann*. Stuttgart: Reclam, 1994 [u. ö.]. S. 71 f. [Behutsam modernisiert.]

Lösungsvorschlag

Gliederung

1 Textzusammenfassung als strukturierte Textwiedergabe[1]
2 Analyse der Sprache und Argumentationsstruktur
3 Gesichtspunkte zur Gegenrezension

1 Textzusammenfassung als strukturierte Textwiedergabe

Zu Beginn fragt der Verfasser nach dem Gespenstischen dieser ersten Erzählung der *Nachtstücke* von E. T. A. Hoffmann. Da er solcherart »Geisterartige[s]« (Z. 1) darin nicht entdecken kann, folgert er, der einzig mögliche Sinn der Erzählung könne nur in einer Veranschaulichung der allmählichen Zersetzung und Zerstörung eines psychisch labilen Menschen durch einen feindlichen Charakter liegen, was aber angesichts der literarischen Mängel misslungen sei. Diese vernichtende Kritik begründet er zunächst damit, dass ein »Automat« wie Olimpia für eine solche Erzählabsicht ungeeignet sei. Denn wenn jemand sich aus nächster Nähe von einer mechanischen Puppe täuschen lasse und sich sogar in sie verliebe, sei das kein Thema für die Literatur, sondern als Wahnsinn ein Fall für die Psychiatrie. Eine solche Art von Wahnsinn wäre seiner Meinung nach allenfalls dann gerechtfertigt gewesen, wenn sie das Resultat einer früheren gescheiterten Beziehung des literarischen Helden gewesen wäre.

Wegen des Fehlens einer solchen psychologischen Herleitung muss der Leser seiner Ansicht nach die Ursache für Nathanaels Wahnsinn bei Coppelius suchen, wofür der Text aber keine Hinweise liefere. Denn es fehle ein Motiv für Coppelius, warum er Nathanael überhaupt verfolge. Daraus schlussfolgert Schwenck, dass der Wahnsinn des Studenten bis zur Lächerlichkeit unbegründet und aufgesetzt sei. Denn dessen Charakter sei viel zu oberflächlich gezeichnet, um als Begründung für eine schwere seelische Erkrankung zu taugen. Dieses Defizit in Hoffmanns Figurenkonzept verharmlose Nathanaels psychische Störungen zu einer »bloße[n] Kränklichkeit« (Z. 16).

Auch hält der Rezensent die dunklen Züge des Coppelius, mit denen Hoffmann den Advokaten in die Nähe des Dämonischen rückt, für viel zu aufgesetzt (»leere Erfindung«), als dass sie ein schlüssiges Motiv für die schrecklichen Vorgänge liefern könnten. Diesen Vorwurf einer fehlenden Motivation für die dramatischen Ereignisse versucht Schwenck noch mit einer eigenen Aussage Hoffmanns aus anderem Zusammenhang zu belegen. Demnach seien es vor allem seelisch instabile Menschen, die zu Opfern dunkler, geheimnisvoller Kräfte werden. Hoffmann glaube also selbst auch nicht an das Wirken irgendeines rätselhaften geistigen Prinzips schlechthin, sondern sehe lediglich eine Gefährdung für seelisch ungefestigte Menschen, die in eine Abhängigkeit geraten könnten. Der Rezensent glaubt sich daher auch in diesem Punkt in seiner Kritik an einer unzureichenden Motivation der Handlung bestätigt. Denn die Novelle enthalte keinen Hinweis auf ein von Coppelius ausgehendes unerklärliches geistiges Prinzip in seiner Beziehung zu Nathanael, das die schrecklichen Ereignisse ausgelöst haben könnte.

2 Analyse der Sprache und Argumentationsstruktur

Unter einer Rezension versteht man die kritische Besprechung eines Buchs oder auch eines Films, die die Stärken und Schwächen des besprochenen Mediums aufzeigt und so zwischen dem Leser und dem Buch oder Film vermittelt. Es geht also um eine persönliche, begründete Stellungnahme des zumeist kundigen Verfassers, der mit seiner Bewertung auch auf den Autor oder Regisseur zurückwirkt. Neben ihrer informativen Funktion können Rezensionen auch unterhaltsam geschrieben sein, was der vorliegenden Rezension angesichts der durchwegs sehr anspruchsvollen Hochsprache und der komplexen hypotaktischen Satzstrukturen kaum anzumerken ist. Gehalt und Sprache lassen vielmehr

[1] Mit einer »strukturierten Textwiedergabe« werden Inhalt und gedankliche Struktur von Sachtexten zusammengefasst. Stellenwertanzeiger wie »Der Verfasser behauptet, begründet, veranschaulicht, fasst zusammen« etc. dienen einer Veranschaulichung der logischen Struktur und Textdistanz; das gilt auch für den konsequent eingehaltenen Konjunktiv.

auf einen elitären Adressatenkreis gebildeter, literarisch interessierter Leserinnen und Leser schließen, was auch dem Medium der Publikation, der Literaturzeitschrift *Hermes oder kritisches Jahrbuch der Literatur* zu entnehmen ist.

Der Verfasser eröffnet seine äußerst kritische Bewertung der Novelle, die heute zur Weltliteratur zählt, mit einer rhetorischen Frage. Die Antwort darauf verrät bereits viel über seinen gewählten Sprachgebrauch, wenn er sein vernichtendes Urteil (»Das Einzige, was einen Sinn in diese Darstellung brächte«, Z. 1f.) so geschraubt in einer kunstvollen Satzperiode und so gestelzt im Konjunktiv II formuliert (»wäre, dass sich die Anschauung daraus ergäbe«, Z. 2), dass Überheblichkeit und Ironie unübersehbar sind. Im nächsten Satz fallen die abwertenden Adjektive »ungeschickt«, »groben« und »matt« auf (Z. 3f.), mit denen Schwenck die »Darstellung«, also die inhaltliche und sprachliche Gestaltung des *Sandmann* bewertet – nun übrigens im Indikativ, was der Aburteilung der Novelle noch mehr Schärfe verleiht: »Hier ist aber die Darstellung so ungeschickt [...], dass kein Interesse, kein Leben sichtbar ist« (Z. 4f.). Abwertende Adjektive spielen in seinem Verriss ohnehin eine beträchtliche Rolle, vgl. »lächerlich und unglaublich zugleich« (Z. 14) oder »leere Erfindung« (Z. 20).

Da es sich bei einer Rezension um eine persönliche Stellungnahme handelt, fehlt es nicht an kausalen (»Denn«, Z. 5, 18) oder auch konsekutiven Satzgefügen (»so [...] dass«, Z. 4f.), die dem Text Kohärenz und Stringenz, also gedankliche Schlüssigkeit verleihen sollen, auch wenn es sich um subjektive Ansichten handelt (»drängt sich dieses Gefühl auf«, Z. 7). Deutlich wird dieser Widerspruch etwa bei seiner Behauptung, Nathanaels offensichtlicher Wahnsinn beim Nicht-Erkennen des Androiden sei kein Fall für die Poesie, sondern für die Psychiatrie – eine subjektive Behauptung, die über komplexe logische Satzstrukturen und ein Modalverb (»muss«) als angebliche Wahrheit vermittelt und im antithetischen Wortspiel inklusive Alliteration ästhetisiert wird.

Auch in der sorgfältigen Wahl der Substantive (»Rohheit des Advokaten«, Z. 17f.; »in früherer Leidenschaft und der durch sie bewirkten Zerrüttung«, Z. 9) zeigen sich die stilistischen Feinheiten des Verfassers, der Fachbegriffe wie »Idiosynkrasie« (Z. 12) ebenso beherrscht wie Stilwechsel zur Umgangssprache, die aber mit Sprachbildern (Metapher, Personifikation) und einem gekünstelt wirkenden Dativ gleich wieder ästhetisiert wird: »Kurz, es fliegen hier einige Fratzen dem Auge vorüber« (Z. 14f.).

Mit seinem Trick am Ende der Rezension, eine Aussage E.T.A. Hoffmanns aus einem anderen Zusammenhang hier als Beleg gegen dessen Novelle zu verwenden, will Schwenck vermutlich nicht nur die eigene Argumentation abrunden. Denn diese Art von Verwendung eines Zitats demontiert den Dichter noch zusätzlich und dient der Aufwertung des Rezensenten, der auf seine Bildung verweisen kann. Aber selbst ein hohes Maß an Bildung, so zeigt diese Rezension, kann nicht vor Fehlurteilen schützen.

3 Gesichtspunkte zur Gegenrezension

Die geforderte Stellungnahme in einer Gegenrezension könnte folgende Gesichtspunkte berücksichtigen, die jeweils im Dreischritt einer argumentativen Struktur zu entfalten sind.

- Im Gegensatz zu Schwencks Behauptung ist das Gespenstische durchgehend als Nathanaels kindliche Fantasie präsent, also durch seinen Glauben an eine dämonische Macht, der er unterworfen und die unmittelbar mit der Person Coppelius verknüpft ist.
- Diese kindliche Weltsicht wird durch die Begegnung mit Coppola reaktiviert und überlagert seine Wahrnehmung der Wirklichkeit. Die Verschränkung der Außen- und Innensicht wird von. Hoffmann mit typischen Schauereffekten/Horrormotiven verstärkt und besonders kunstvoll durch die Erzähltechnik unterstützt, so dass sich ein tiefer Einblick in die Welt des Kranken ergibt.
- Die dadurch bewirkte Verunsicherung des Lesers, der auf die gewohnte Verlässlichkeit des Erzählers verzichten muss, stellt einen einsinnigen Wirklichkeitsbegriff in Frage. Als typisch romantische Erzählung erweitert sie den Wirklichkeitsbegriff und stellt unterschiedliche, sich widersprechende Welten bzw. Weltsichten nebeneinander, so

dass die Vielschichtigkeit des menschlichen Seins sichtbar wird. Die wechselseitige Bedingtheit von innerer Wahrnehmung und Wirklichkeit – hier als bedrohliche Doppelbödigkeit gesteigert – verwehrt Ordnungsversuche durch Eindeutigkeiten, reißt Fragen auf, die ungeklärt bleiben und verweigert entschieden Geborgenheit.

- Zugleich verweist Hoffmann auf die Ambivalenz des romantischen Dichters zwischen Bürgertum und Künstlertum und warnt vor einer Verselbständigung der inneren Welt des Romantikers, der den Zugang zur Wirklichkeit verliert.
- Trotz der Kürze einer Novelle ist der Charakter Nathanaels präzise erfasst, was durch eine raffinierte Erzähltechnik (u. a. Erzählanfang mit persönlichen Briefen des Protagonisten; Ausloten der Innensicht durch Perspektivwechsel; Sichtbarmachen des Unbewussten in seiner eigenen Dichtung) unterstützt wird.
- Der von Schwenck als unmotiviert kritisierte fundamentale Irrtum über die wahre Identität Olimpias ist besonders schlüssig und tiefgründig aus Nathanaels Charakter entfaltet. Schwenck verkennt, dass die von ihm vermisste »Zerrüttung« einer »frühere[n] Leidenschaft« (Z. 9) Nathanaels tragischem Verkennen der Wirklichkeit tatsächlich vorausgeht, nämlich in Form einer besonders heftigen Auseinandersetzung mit Clara. Diese Missverständnisse mit Clara, nicht zuletzt sein Frauenbild, verstärken sein narzisstisches Bedürfnis nach einer Bestätigung, die er von seiner Verlobten nicht in der ersehnten Weise erhält, wohl aber in seinen eigenen Projektionen auf Olympia.
- Hoffmanns Kunstgriff mit der mechanischen Puppe greift ein damals aktuelles Thema auf, das raffiniert mit dem psychopathologischen Fall verknüpft wird, aber auch als Mittel einer Gesellschaftssatire dient.
- Unerkannt und daher unerwähnt von Schwenck ist das Augenmotiv als zentrales Motiv der Erzählung, das ja bereits im Titel (!) anklingt. Die inneren Bilder als Fantasien des verängstigten, schließlich traumatisierten Jungen verselbständigen sich gegen alle Rationalisierungsversuche seiner Umgebung. Später wird sich sogar der Zweck eines Fernrohrs in sein Gegenteil verkehren, weil sich die narzisstischen Projektionen gegen alle Wirklichkeit durchsetzen. Hoffmann öffnet damit eine neue Sicht auf menschliche Wahrnehmung, die im ständigen Konflikt zwischen Unbewusstem und Bewusstem, zwischen Gegenwart und Vorgeschichte stattfindet.
- Keineswegs handelt es sich bei Nathanaels Krankheit um »bloße Kränklichkeit« (Z. 16), wie Schwenck behauptet, sondern um eine schwere psychische Erkrankung, die heute wohl als Trauma diagnostiziert werden würde. Hoffmann orientierte sich bei seinem Figurenkonzept an dem neuesten Wissen der damals entstehenden Psychiatrie. Der an seiner Figur überzeugend sichtbar gemachte Verlauf einer solchen psychischen Erkrankung entspricht in vielerlei Hinsicht den Erkenntnissen der modernen Psychotraumatologie.

Lösungshinweis zu ARBEITSBLATT 3a (➤ S. 25)

Die Automatenfrau Olimpia – und ihre Wirkung auf Nathanael

- »indessen, Clara im Herzen, blieb ihm die steife, starre Olimpia höchst gleichgültig« (27,9 f.)
- »Nun erschaute Nathanael erst Olimpias wunderschön geformtes Gesicht.« (28,31 f.)
- »Nur die Augen schienen ihm gar seltsam starr und tot. Doch wie er immer schärfer […] durch das Glas hinschaute, war es, als gingen in Olimpias Augen feuchte Mondesstrahlen auf.« (28,32–35)
- Er »konnte nicht los von Olimpias verführerischem Anblick« (29,28)
- »Der etwas seltsam eingebogene Rücken, die wespenartige Dünne des Leibes« (30,35–37)
- »In Schritt und Stellung hatte sie etwas Abgemessenes und Steifes« (31,1 f.)
- »spielte den Flügel mit großer Fertigkeit und trug ebenso eine Bravour-Arie mit heller, beinahe schneidender Glasglockenstimme vor« (31,4–6)
- »Eiskalt war Olimpias Hand« (31,30 f.)
- »aber an der ganz eignen rhythmischen Festigkeit, womit Olimpia tanzte und die ihn oft ordentlich aus der Haltung brachte« (32,2–4)
- »sie sah ihm unverrückt ins Auge und seufzte einmal übers andere: ›Ach – Ach – Ach!‹« (32,23–25)
- »eiskalte Lippen begegneten seinen glühenden […] und in dem Kuss schienen die Lippen zum Leben zu erwarmen.« (33,3–8)

- *Solange N. Clara liebt, ist ihm O. gleichgültig*
- *N. nimmt O. zunächst wie immer wahr, aber mit dem Perspektiv tritt alles »rein, scharf und deutlich dicht vor die Augen«*
- *Wenn er intensiv durch das Glas blickt, wird O.s Sehkraft entzündet: »immer lebendiger […] flammten die Blicke«*
- *Sein voyeuristischer Blick auf die schöne Nachbarin lässt ihn Clara vergessen*
- *Die unnatürliche, puppenhafte Erscheinung Olimpias erregt keinen Argwohn, da sie der Mode der damaligen Zeit entspricht*
- *Befangenheit O.s in der neuen Umgebung*
- *Mit Hilfe des Perspektivs sieht N., dass O. nur für ihn singt (»wie sie voll Sehnsucht nach ihm herübersah«). Im »Liebesblick« entbrennt seine eigene Liebe, bis er vor »Schmerz und Entzücken« O.s Namen ruft*
- *Erneut ist es ihr Blick »voll Liebe und Sehnsucht«, der auch ihre Hand erwärmt*
- *O. beherrscht zwar den regelmäßigen Takt, kann sich aber nicht auf den Partner einstellen. Sie führt N., der am eigenen Taktgefühl zu zweifeln beginnt*
- *Obwohl O. nicht sprechen kann, hält N. ihr Gestammel für die Bestätigung seiner Liebe*
- *N. überwindet ein inneres Grausen und glaubt zu spüren, wie sich O.s Lippen im Kuss erwärmen.*

In seiner grenzenlosen Ich-Bezogenheit glaubt N. an die Erfüllung seiner geheimsten Sehnsüchte und seiner Vorstellungen von einer Frau durch eine stumme Puppe. In dem Sehnsuchtsbild, das sich hier zeigt, offenbart sich eine zutiefst selbstische und romantische Liebe.

Lösungshinweis zu ARBEITSBLATT 5b (➤ S. 43)

Horrormotive und Schauereffekte in E. T. A. Hoffmanns *Der Sandmann*

Textauszüge:

1. »[S]o wie es abends die Treppe heraufpolterte, zitterte ich vor Angst und Entsetzen« (5,21–23) e, c, g, h, j, r, s
2. »Denke dir einen großen, breitschultrigen Mann mit einem unförmlich dicken Kopf, erdgelbem Gesicht, buschigten grauen Augenbrauen, unter denen ein paar grünliche Katzenaugen stechend hervorfunkeln, großer, starker über die Oberlippe gezogener Nase. Das schiefe Maul verzieht sich oft zum hämischen Lachen [...]. [V]or allem waren uns Kindern seine großen knotigten, haarigten Fäuste zuwider [...]«. (7,21–8,2) k
3. »[W]ie sich nun mein alter Vater zum Feuer herabbückte, da sah er ganz anders aus. Ein grässlicher krampfhafter Schmerz schien seine sanften ehrlichen Züge zum hässlichen widerwärtigen Teufelsbilde verzogen zu haben. Er sah dem Coppelius ähnlich.« (9,12–17) k, p
4. »Vor dem dampfenden Herde auf dem Boden lag mein Vater tot mit schwarz verbranntem grässlich verzerrtem Gesicht«. (11,27–29) a, k, p
5. »Coppelius fasst ihn [Nathanael] und wirft ihn in einen flammenden Feuerkreis, der sich dreht mit der Schnelligkeit des Sturmes und ihn sausend und brausend fortreißt.« (23,22–25) d, i, p
6. »Tausend Augen blickten und zuckten krampfhaft und starrten auf Nathanael; aber er konnte nicht wegschauen von dem Tisch, und immer mehr Brillen legte Coppola hin, und immer wilder und wilder sprangen flammende Blicke durcheinander und schossen ihre blutrote Strahlen in Nathanaels Brust.« (27,36–28,5) d, f, n, o
7. »Nur die Augen schienen ihm gar seltsam starr und tot. Doch wie er immer schärfer und schärfer durch das Glas hinschaute, war es, als gingen in Olimpias Augen feuchte Mondesstrahlen auf.« (28,32–35) b, f, g
8. »Ach du mein hoher, herrlicher Liebesstern, bist du mir denn nur aufgegangen, um gleich wieder zu verschwinden, und mich zu lassen in finstrer hoffnungsloser Nacht?« (30,6–8) e, f, g
9. »Eiskalt war Olimpias Hand, er fühlte sich durchbebt von grausigem Todesfrost«. (31,30–32) b, f, o, p
10. »[E]r starrte Olimpia ins Auge, das strahlte ihm voll Liebe und Sehnsucht entgegen«. (31,32 f.) f, o, p
11. »[E]r neigte sich zu ihrem Munde, eiskalte Lippen begegneten seinen glühenden!« (33,2–4) b, f, p
12. »Der Professor Spalanzani schritt langsam durch den leeren Saal, seine Schritte klangen hohl wider und seine Figur, von flackernden Schlagschatten umspielt, hatte ein grauliches gespenstisches Ansehen.« (33,9–12) a, f, k, o
13. »Er suchte nach dem Ringe [...], um ihn Olimpia als Symbol seiner Hingebung, seines mit ihr aufkeimenden blühenden Lebens darzureichen [...]. Schon auf der Treppe, auf dem Flur, vernahm er ein wunderliches Getöse [...], dazwischen Flüche und Verwünschungen.« (36,30–37,3) m
14. »Nun warf Coppola die Figur über die Schulter und rannte mit fürchterlich gellendem Gelächter rasch fort die Treppe herab, sodass die die hässlich herabhängenden Füße der Figur auf den Stufen hölzern klapperten und dröhnten. [...] Olimpias toderbleichtes Wachsgesicht hatte keine Augen, statt ihrer schwarze Höhlen«. (37,24–31) b, d, f, i, j, l, n, p, q, s
15. »Da standen die beiden Liebenden Arm in Arm auf der höchsten Galerie des Turmes und schauten hinein in die duftigen Waldungen, hinter denen das blaue Gebirge, wie eine Riesenstadt sich erhob. ›Sieh doch den sonderbaren kleinen grauen Busch, der ordentlich auf uns los zu schreiten scheint‹, frug Clara.« (41,4–9) f, m

Zur Lösung von Arbeitsauftrag 2 siehe TAFELBILD 5 (Teil 2) ➤ S. 37.